P Y A R   T R O L L

SATSANG

Die spirituelle Suche nach Wahrheit und Erkenntnis

KAILASH

KAILASH

Es wurde mit größtmöglicher Sorgfalt darauf geachtet, alle Urheberrechte zu wahren und alle Inhaber der Rechte ausfindig zu machen. Sollten dabei dennoch versehentlich Fehler unterlaufen sein, werden diese in der folgenden Auflage nach Hinweis an den Verlag verbessert.

Bibliografische Information der Deutschen Bibliothek

Die Deutsche Bibliothek verzeichnet diese Publikation in der Deutschen Nationalbibliografie;detaillierte bibliografische Daten sind im Internet unter http://dnb.ddb.de abrufbar.

Textredaktion: Diane Zilliges
Umschlaggestaltung:
Weiss/Zembsch/Partner: WerkstattMünchen
Produktion: Ortrud Müller
Satz: Nikolaus Hodina, München
Druck und Bindung: Pustet, Regensburg
Printed in Germany

ISBN-10: 3-7205-2831-6
ISBN-13: 978-3-7205-2831-3

Inhalt

Intro – mehr als Worte sagen können

Vielleicht sind dir in letzter Zeit Plakate oder Broschüren begegnet, die für »Satsang« werben, oder ein Freund erzählte dir von Satsang. Jetzt fragst du dich: Was ist denn das überhaupt? Oder du willst wissen, ob es für dich sinnvoll ist, eine solche Veranstaltung aufzusuchen. Da diese Fragen bei vielen Menschen auftauchten, bat mich der Hugendubel-Verlag dieses Buch zu verfassen. Im Folgenden bemühe ich mich, möglichst viele der Fragen, die du vielleicht in diesem Zusammenhang auf dem Herzen hast, so gut es möglich ist, zu beantworten. Ich selbst gebe seit circa sechs Jahren Satsang im gesamten deutschsprachigen Raum und kenne daher viele der Bedürfnisse, Fragen und Sehnsüchte der Menschen auf dem Weg. Meine Art ist eine recht praktische, bodenständige. Ich versuche den Menschen Werkzeuge an die Hand zu geben, die sie befähigen, sich selbst mehr und mehr in der Stille und im Mitgefühl zu verwurzeln. Und ich benutze gern die Texte alter Meister, nicht um mich dahinter zu verstecken oder weil ich nichts Eigenes zu sagen hätte, sondern um immer wieder von verschiedenen Seiten auf dieselbe Wahrheit hinzuweisen. Gleichzeitig spreche ich stets aus eigener Authentizität und Autorität. Ich will hier gleich mit einem Zitat beginnen. Buddha sagte: »Die Buddhas können weder schlechte Handlungen mit Wasser wegwaschen, noch die Leiden der Lebewesen mit ihren Händen beseitigen, noch ihre Erkenntnis auf andere übertragen. Die Lebewesen werden befreit durch die Lehren über die Wahrheit, die Natur der Dinge.«[1] Ja, genauso ist es. Niemand kann dich erleuchten, aber ein Lehrer kann dich ermutigen, anstacheln, auffordern, herausfordern den Weg zu gehen – und ihn wirklich zu gehen mit deinem ganzen Wesen.

In diesem Buch wirst du vieles zwischen den Zeilen finden können. So wie in einem Satsang das Wesentliche auch zwischen den Worten, in der Stille geschieht. Dennoch haben Worte ihre Berechtigung, sie sind ein gutes und vor allem gängiges Transportmittel für Gedanken und manchmal auch für Gefühle, für Informationen und Anstöße. Sie kommen als Fingerzeig, als Wegweiser zum Unbenennbaren.

In einem Buch über und mitten aus Satsang kommen Worte und Begriffe sehr schnell an ihre Grenzen, sind sie doch immer an die polare Welt der zehntausend Dinge gebunden. Wenn wir irgendeinem Ding einen Namen geben oder etwas bezeichnen, können wir mit dem Namen nie das Ding selbst erfassen, es bleibt immer etwas außen vor, das von der Bezeichnung nicht erfasst wird. Was aber ist dieses nicht zu Benennende, das das eigentliche Wesen der Dinge ist? Was ist dieses nicht zu Benennende und nicht zu Bezeichnende, das Wahrheit und unser eigenes tiefstes Wesen ist?

Natürlicherweise kann ein Buch nicht mehr geben als einen kleinen Vorgeschmack auf das, was Satsang wirklich ist. Man liest Bücher *über…*, macht sich Gedanken *über…* Das aber heißt, man ist *über* den Dingen, schwebt irgendwo in Welten, die die Gedanken fassen können, und bleibt in Distanz. Dann aber ist man nicht mittendrin und somit fern von dem, was wirklich ist. Wenn du das Wesen von etwas erfassen willst, seien es nun deine eigenen Gedanken, sei es Wahrheit, sei es ein Sonnenuntergang, dann musst du gleichzeitig Zeuge sein und mit-

1 Dalai Lama: *Der Weg zum sinnvollen Leben;* Seite 47

tendrin, also weder verwickelt in Emotionen, Gedanken, Meinungen, noch abgespalten und unbeteiligt.

Trotz dieser Grenzen dessen, was ein aus Worten zusammengesetzter Text vermag: Wenn du zu diesem Buch gegriffen hast, dann hast du in irgendeiner Form Interesse an Satsang. Und Interesse heißt ja nichts anderes als »dazwischen sein«, »mittendrin sein«. Ich möchte dich mit all deiner Neugier, dem Feuer deines Suchens, der Lust, das Wahre zu finden, und auch deinem Zögern abholen und ein Stückchen begleiten auf dem weglosen Weg.

Satsang – uralte Tradition und neue Chance

Was heißt Satsang?

So habe ich gehört: Einmal lebte der
Gesegnete (Buddha) im Lande Kuru in einer
Ortschaft der Kuru mit Namen Kammasadhamma.
Dort sprach er die Bikkhus (Mönche) an: »Ihr Bikkhus.«
Sie erwiderten: »Ehrwürdiger.«
Der Gesegnete sprach:
»Ihr Bikkhus, dies ist der direkte Pfad
zur Läuterung der Lebewesen,
zur Überwindung von Kummer und Klagen,
zum Verschwinden von Schmerzen und Gram,
zum Erlangen des wahren Weges,
zur Verwirklichung des Nirvana –
ich meine die vier Grundlagen der Achtsamkeit.«[2]

Dieser Auszug aus dem Satipattana-Sutra beschreibt, wie der historische Buddha seine Lehre und das Sein als Erwachter mit den Mönchen teilte, die auf der Suche nach der Wahrheit waren. Satsang vor circa 2600 Jahren.

Was macht dieses Phänomen aus, das uns im Mitteleuropa des 21. Jahrhunderts in zunehmender Häufigkeit begegnet? Satsang, das ist zuerst einmal nur ein Wort, ein Begriff, den man auf eine Sache drauflegt. So ein Wort hat

2 Sangharakshita: *Buddhas Meisterworte für Menschen von heute;* Seite 11

ja nichts in sich, noch dazu, wenn es so ein fremdes, von weitem angereistes Wort ist, mit dem man erst einmal nichts assoziieren kann. So wie dieses Wort heute gebraucht wird, bezeichnet es ein Zusammenkommen von Menschen, die teilweise auf der Suche sind, teilweise schon am Finden, am Wachsen sind. Sie suchen Wahrheit, Glück, Liebe. So wie das andere auch suchen. Diese Menschen aber treffen sich in mehr oder weniger regelmäßigen Abständen mit einem Lehrer. Sie scharen sich um einen, der den Weg kennt, der vorausgegangen ist und ihnen seine Hilfe anbietet, so wie sich die Mönche damals um Buddha versammelten, um ihm zu lauschen und mit ihm zu sein. Zu seinen Füßen erfuhren sie die Schwingungen der Stille, des bedingungslosen Glücks und der Liebe, ebenso wie es heutige Schüler im Sein mit einem Meister erleben können.

Das Wort »Satsang« kommt aus dem Sanskrit. *Sat* ist die Wahrheit, *sangha* die Gemeinschaft, das Zusammensein, die Begegnung. Satsang könnte also mit »wahrhaftiges Zusammensein« oder »Zusammensein in Wahrheit« oder »Begegnung in bzw. mit der Wahrheit« übersetzt werden. Meistens wird das Wort verwendet, um das Zusammensein mit einem Menschen, der in der Wahrheit ruht, zu bezeichnen. Es ist letztlich die Begegnung in der absoluten Wahrheit unseres Seins.

Natürlich ist diese Art von wachem, bewusstem Sein immer und überall möglich. Jeder Moment kann so gelebt werden, ja, er will und sollte so gelebt werden – in Wahrheit, in Stille, in der Gegenwärtigkeit. Das ist dir als Möglichkeit sicher klar, aber in der Praxis sieht es oft anders aus. Vielleicht weil da so viel Arbeit ist, dass du keine ruhige Minute findest, oder weil da immer, wenn es stiller wird, eine Angst in dir aufsteigt, die du nicht aushältst.

Jeder Mensch trägt eine Vielzahl von Identifikationen, Konzepten, Vorstellungen und Wünschen mit sich herum. Die werden lauter vernehmbar, wenn man selbst leiser wird. Das ist normal. Worum es bei der spirituellen Suche geht ist, diese ganzen Konstrukte zu erkennen und dann sterben zu lassen. Die Herausforderung ist, die ganze Geschichte von Ich, von Mein, von Mir und das ganze damit verknüpfte Leiden zu beenden. Satsang eröffnet die Möglichkeit, in der vollkommenen Begegnung mit Erfahrungen und Gefühlen still und unbewegt zu bleiben, und DAS zu erkennen, das ungeteilte SELBST[3], Gott, Brahman oder wie auch immer du es nennen willst. Es geht darum, sich DEM hinzugeben, was unberührt von allen Erfahrungen und Phänomenen, unabhängig von Körpern, Seelen und Welten immer still, immer in Frieden ist – die Wahrheit unseres Seins. Dabei kann ein Meister, ein Mensch, der selbst in dieser Hingabe lebt und seine Schüler dazu anspornt, oder auch ansteckt, hilfreich sein. Er wird die Suchenden, die zu ihm kommen, von der Stille, die in allem zu finden ist, vom Glück, das an keinerlei innere oder äußere Bedingungen geknüpft ist, und von dem Mitgefühl, das durch nichts zu erschüttern ist, kosten lassen und sie anregen, immer tiefer und immer öfter und immer länger in diese seltenen Qualitäten, die aber immer da sind für den, der sie sich vergegenwärtigt, einzutauchen.

Im Satsang wird nicht diskutiert und philosophiert. Wozu auch? DAS kann nicht intellektuell erfasst werden. Aber wir können aus der Wahrheit, aus der Stille miteinander sprechen und von dort aus erforschen, ob es irgendeinen Grund gibt, nicht in Stille und Frieden und Freiheit zu sein. Wir können erkunden, ob dich irgendetwas davon abhält immer, in jedem Moment deines Lebens, in der Wahrheit zu sein. Ob dich irgendetwas abhält zu sein was du bist – niemand, keine Person, einfach Sein, der unendliche Ozean des Bewusstseins.

Leider geben sich viele Menschen nicht die Erlaubnis glücklich zu sein. Das mag jetzt absurd klingen, aber

3 SELBST bezeichnet in diesem Buch das wahre, ungeteilte, »große« Selbst im Unterschied zum persönlichen, »kleinen« Selbst, hier »Selbst« geschrieben. Dasselbe gilt für GEIST und Geist, DAS und das.

wenn du genau hinschaust, findest du vielleicht bei dir oder anderen diese eigenartige Tendenz, mag sie nun aus uralter Konditionierung oder aus der Erziehung in diesem Leben stammen. Auf jeden Fall ist es wichtig, sich diese Nicht-Erlaubnis, falls vorhanden, bewusst zu machen und sie dann loszulassen. Satsang ist auch ein Raum, in dem du lernen kannst, dass es dir erlaubt ist, glücklich zu sein – einfach so. Du kannst glücklich sein ohne Grund. Du darfst glücklich sein, ohne es verdienen zu müssen. Das ist ein ganz wichtiger Lernschritt, denn viele Menschen, besonders im Westen, finden den Zugang zu ihrer eigenen grundlegenden Gutheit nicht mehr. Und erst auf Basis und im Erkennen und Respektieren der eigenen grundlegenden Gutheit ist es möglich, wirklich Verantwortung zu übernehmen und in Weisheit und Mitgefühl zu wachsen.

Formeller Satsang in Gegenwart eines zum SELBST Erwachten macht dir das Sein in der Stille viel leichter, ja oftmals überhaupt erst möglich. Es ist eine Einladung vollkommen anzuhalten. So kann man im Satsang in der Präsenz des Meisters auch einfach entspannen, in der Stille verschwinden und dieses unbedingte, feine Glück erfahren, diese Qualität der Stille, der Großzügigkeit, der Liebe. Was im Satsang vergegenwärtigt wird ist das, was schon immer still und unberührt war und ist und immer sein wird. Und wer es einmal erschnuppert hat, den wird es nicht mehr loslassen. Es wird locken – und still warten.

Und was ist Satsang nicht?

Wenn es um Spiritualität und noch dazu um das Einlassen auf einen Lehrer geht, werden in vielen Menschen große Ängste wach. Manch einer denkt vielleicht an Sekten, an subtile Beeinflussung, an Abhängigkeiten und den Verlust der Entscheidungsfreiheit im eigenen Leben. Viele solcher Befürchtungen rühren daher, dass wir heute im Westen einfach keinen kulturellen Kontext haben, in den wir so etwas wie Satsang, wie Erleuchtung oder eine Beziehung zu einem Guru einordnen könnten. Wir wissen von Haus aus erst einmal nicht, wie damit umzugehen ist. Weder unser exzellent geschulter und konditionierter Verstand noch unser gepflegtes und poliertes Ego helfen uns dabei. Im Gegenteil: Das Ego sieht sich bedroht und beginnt zu schimpfen. Nun ja, bedroht fühlt es sich zu Recht. Dennoch kann an dieser Stelle mit einigen seltsamen Ideen des kleinen Geistes, was Satsang sein könnte, aufgeräumt werden.

Zunächst: Was Satsang ganz sicher nicht ist, ist Therapie. Das verwechseln manche. Ein Satsang-Lehrer ist kein Psychotherapeut. Er gibt sicher mal einen Rat, vielleicht sieht er einen Zusammenhang etwas klarer und kann das mitteilen. Aber er therapiert niemanden.

Zu einem Satsang zu gehen beinhaltet keine äußerliche Verpflichtung dem Lehrer gegenüber. Es kann eine einmalige Sache sein. Jeder kann zu mehreren Lehrern gehen, kann sich durchkosten, bis er den gefunden hat, bei dem er bleiben will. Jeder entscheidet immer wieder für sich selbst, wie tief er sich einlassen will.

Mit wachsender Bewusstheit dem Satsang und dem eigenen Leben gegenüber wirst du dich von selbst immer wieder überprüfen: Was tu ich da? Was will ich dort? Was mache ich aus dem Angebot? Denn es gibt auch viele Möglichkeiten, es in einer unsinnigen Weise zu nutzen oder besser gesagt: nicht zu nutzen; beispielsweise als ein Beruhigungsmittel, eine Droge, eine Stille-Infusion, die dann wieder bis zum nächsten Termin reichen muss. Das aber geht an dem vorbei, was Satsang ist. Es ist auch keine Kontaktbörse, keine Bewegung, kein soziales Happening, keine Sensation, keine Story, kein Geschäft. Nur nacktes Sein in der Wahrheit – ohne Bedingungen. Es ist eine Herausforderung. Dessen musst du dir beim ersten oder zweiten Besuch nicht bewusst sein – du solltest überhaupt einfach immer genau so dorthin kommen, wie du eben gerade bist –, diese Lust, es auch wirklich ganz und gar zu schmecken und zuzulassen wird wachsen, wenn du nur einigermaßen wach und achtsam dabei bist.

Aber die allgemeine Gier macht auch vor dem spirituellen Bereich nicht Halt. Viele Leute sind auf »Guru-Schau«, wollen möglichst viele Erleuchtete erleben, sie abhaken auf der langen Liste der Besonderheiten, mit denen sie dann prahlen können – auf eine sehr feine esoterische Weise natürlich, nicht plump oder grölend. Immer wieder gibt es etwas Neues auf dem bunten Markt der spirituellen Methoden, was man ausprobieren könnte. Vielleicht hilft es ja, vielleicht klappt es diesmal, vielleicht ist es sogar preiswert.

Wahrheit aber ist nie bequem oder billig. Dafür braucht es immer hundert Prozent. Satsang ist nicht konsumierbar, nicht habbar und nicht haltbar. Es geht nicht ohne Hingabe. Hier greift oft die Versuchung dessen, was Chögyam Trungpa »spirituellen Materialismus« nennt. Und das trifft so genannte Lehrer ebenso wie Schüler. Natürlich machen immer wieder einige Menschen die Erfahrung eines Satori, eines kurzen Aufblitzens der Wahrheit, sie erleben einen Moment, in dem alle Schleier der Illusion und der Verblendung, alle Anhaftung, alles Wollen und Wünschen und Ablehnen verschwunden sind. Nun kann es aber leicht passieren, dass sich das spirituelle Ego diese Gipfelerfahrung schnappt, sie zum Besitz macht, sie stolz in die Welt trägt und das Satsang nennt. Das kann bis dahin gehen, dass jemand nicht so recht weiß, wie und wovon er sein Leben bestreiten soll und sich denkt: Dann probier ich's mal mit Satsang. Auf dieser schlüpfrigen Basis werden dann Dinge verbreitet, bei denen ich mich nur wundern kann.

Vieles können wir in diesem Buch klären, manches ansprechen, einige Leitlinien skizzieren. Eines aber liegt in der Natur der Sache und das kann und will ich nicht verleugnen, es hat seinen Schmerz und seine Schönheit: Sicherheit gibt es nicht! Es bleibt ein Tanz auf Messers

Schneide. Wachheit, Wachsamkeit, Da-Sein, Präsenz, Meditation, Ehrlichkeit – sie sind notwendig. Und die Bereitschaft zu fallen und wieder aufzustehen.

Wie läuft ein Satsang ab?

Der Ablauf dieses Zusammenkommens in Wahrheit variiert von Lehrer zu Lehrer und natürlich auch von Mal zu Mal. Wahrheit ist ja immer frisch und Ausdruck höchster Lebendigkeit. Im Allgemeinen aber läuft es so ab: In einem Raum, oftmals eine Yoga-Schule, die für den Abend gemietet wird, oder eine Heilpraxis, manchmal auch ein Wohnzimmer, stehen ein paar Stühle, es gibt aber auch Platz, um am Boden zu sitzen, die ankommenden Schüler und Besucher können das halten, wie sie möchten. Es empfiehlt sich, ein paar Minuten vorher zu kommen und – wichtiger Hinweis heutzutage – das Handy auszuschalten. Am Eingang wird im Allgemeinen um einen Beitrag von zehn bis fünfzehn Euro gebeten. Schließlich muss auch ein Satsang-Lehrer sein irdisches Dasein bestreiten, zudem die Ausgaben für den Abend selbst. Die kostbare Gabe des Satsang mit einer kleinen Gegengabe zu erwidern, ist eher symbolisch als wirklich kalkulatorisch untersuchbar; das Symbolische aber ist hier durchaus von Wert. Nun sucht man sich einen Platz und kommt erst einmal an. Schön ist es, vor allem für einen selbst, wenn man schon ein bisschen still ist, in Ruhe bei sich selbst bleibt und sich einstimmt.

Irgendwann kommt dann der Lehrer oder die Lehrerin herein. Wie er sich zeigt, das kann ganz unterschiedlich sein. Manche kommen einfach hineinmarschiert, nehmen Platz und beginnen. Andere haben einen etwas größeren Auftritt, vielleicht steht aber auch plötzlich einer der mitten im Raum Sitzenden auf und entpuppt sich als der Satsang-Lehrer. Wie auch immer, am rein Äußerlichen wird man ihn oder sie ziemlich sicher nicht erkennen.

Der Lehrer wird dann wahrscheinlich die Anwesenden auf die eine oder andere Art begrüßen und sich hinsetzen. Vielleicht legt er die Hände zum indischen Namaste-Gruß zusammen, vielleicht verbeugt er sich vor einigen Bildern, die auf einer Art Altar stehen; häufig zeigen sie Ramana Maharshi, Poonja oder andere Meister. Bei anderen wiederum ist es ganz schlicht und ohne jede äußerlich sichtbare Verehrung eines Lehrers. Oftmals gibt es am Anfang etwas Musik, mal vom Band, mal live gespielt. Viele verzichten auch darauf.

Nun ist es still. Meistens zumindest. Manche Lehrer gehen mit ihrem Blick durch die Reihen der Anwesenden, jeder wird für einen kurzen oder längeren Moment angeschaut. In diesem Augenkontakt aus dem ruhigen Verweilen heraus kann schon die Stille erfahren werden. Es ist ein sehr kostbarer Moment und es lohnt sich, sich darauf einzulassen, sich dafür zu öffnen, darin zu entspannen. Natürlich mag das ganz am Anfang etwas befremdlich erscheinen, es passiert uns einfach sehr selten, dass wir still und unbewegt in die Augen eines Menschen sehen – eines Menschen, der ein leerer Spiegel ist, zudem.

Nicht alle Lehrer grüßen auf diese Art, einige fangen auch gleich an zu reden. Manche Lehrer allerdings sprechen überhaupt nicht, aber das ist eher selten. Manche sagen erst einmal etwas aus sich heraus, gehen auf irgendein Thema ein, das in der Luft liegt. Einige warten, ob Fragen kommen, oder fordern zum Fragen auf. Auf jeden Fall ist es heute bei den meisten Lehrern möglich, Fragen zu stellen. Soweit ich weiß, ist es aber bei fast allen heute so, dass man keine Fragen stellen muss. Man kann auch einfach dasitzen und zuhören … oder auch nicht zuhören. Es ist eigentlich eine sehr einfache Sache.

Wer sich nicht selbst zu Wort meldet, wird vielleicht erleben, dass er dennoch Antworten auf seine Fragen erhält. Entweder weil der Lehrer genau das anspricht, was er fragen wollte, oder weil er es während der Stillephasen oder sogar während über etwas anderes gesprochen wird, plötzlich einfach weiß. Das passiert sehr häufig, viele Schüler berichten davon.

Wer fragen möchte oder etwas von sich loswerden will, muss bei manchen Lehrern nach vorn gehen. Dort steht dann ein zweiter Stuhl oder er nimmt mit auf dem Sofa des Meisters Platz. Wenn sich Lehrer und Fragender dann in die Augen schauen, braucht oftmals gar nichts mehr verbal geklärt zu werden. Bei mir gibt es diesen zweiten Stuhl nicht, ich habe das anfangs ausprobiert, fand es aber nicht so hilfreich. Bei mir können die Leute von da aus fragen, wo sie sitzen.

Die Themen, zu denen Fragen gestellt werden, sind sehr vielfältig. Das sind manchmal ganz alltägliche Sorgen mit dem Geld oder dem Partner, mit der Gesundheit oder der Arbeitsstelle. Öfter möchte einer etwas zu seiner Meditationspraxis wissen oder stellt Fragen zum Weg allgemein. Hier ist alles erlaubt, es gibt da keine Regeln. Wie Regeln ja überhaupt wegfallen, wenn Verstehen da ist. Tiefes Verstehen macht Regeln und Gebote völlig überflüssig. Und es geht hier um Verstehen.

Was ist nun das Besondere an Satsang? Es ist die Stille, der Urgrund unseres Seins, der in und zwischen all den Worten erfahrbar bleibt. Das liegt an der Bereitschaft der Schüler, sich trotz eventueller Problematik nicht zu verwickeln in Geist, Gedanke, Emotion und liegt natürlich am Sein des Meisters und seiner Fähigkeit, in all dem wieder und wieder auf die Essenz des Seins hinzuweisen.

So wechseln immer stille Phasen mit Zeiten, in denen gesprochen wird. In der Stille sitzt man, schaut vielleicht zum Lehrer, nimmt auf, was im Raum ist – oder meditiert. Es ist ein Immer-tiefer-Sinken in diese Stille, in die Freudigkeit und den Frieden möglich und das Erkennen, dass diese Stille ja nicht nur vom Lehrer ausgeht, sondern auch in dir ist.

Am Ende gibt es eventuell wieder etwas Musik. Der Meister verabschiedet sich und verlässt den Raum. Wenn man dann so weit ist, steht man auch auf und geht. Am Ausgang finden sich fast immer Tische mit Büchern oder CDs des Lehrers oder seiner Meister, die man kaufen kann, aber nicht muss, um zu verstehen.

Was zieht Menschen zum Satsang?

Menschen suchen Glück. Sie suchen auch Wahrheit. In erster Linie aber wollen sie glücklich sein. Das ist eine Formel, auf die man sich einigen kann. Diese Suche nach Glück zieht sie an alle möglichen Plätze, in Kneipen, ins Kino, auf die Skipiste, nach Mallorca, in diese Beziehung oder in jene Beziehung, in die Spielbank, auf den Fußballplatz, in Selbsterfahrungsgruppen, New-Age-Veranstaltungen und eben auch zum Satsang.

Was es ausmacht, dass jemand nun gerade im Satsang sein Glück zu finden versucht, mag vielfältige Ursachen haben. Wir haben alle eine lange Geschichte, mehr oder weniger lang natürlich, aber doch insgesamt recht lang. Und wahrscheinlich wird jeder im Verlauf dieser Geschichte, die sich über viele Leben zieht, irgendwann etwas sehr Wesentliches bemerken: Das Fußballspiel hört wieder auf, in der Spielbank kann man verlieren oder gewinnen, meistens verliert man, der Schnee schmilzt, die Beziehung geht zu Ende und die nächste wird wahrscheinlich auch nicht ewig dauern und das alles macht mich nicht wirklich und letztendlich glücklich. Und irgendwann sterbe ich wie alle anderen auch. Wenn jemand diese grundlegende Wahrheit der Vergänglichkeit auch nur ansatzweise bemerkt hat, dann kommt er allmählich dahin, sich zu fragen: Gibt es irgendetwas, was eine dauerhafte, eine durch nichts zu erschütternde Freude und ein wirkliches Glücklichsein möglich macht?

Wir alle haben eine Ahnung davon in uns. Das hat erst einmal überhaupt nichts mit dem religiösen oder spirituellen oder auch nicht-spirituellen Umfeld zu tun, in dem wir aufwuchsen oder heute leben. Die Buddha-Natur liegt in jedem Menschen. Und sie ruft, leise vielleicht, aber ohne zu ermüden. Und irgendwann äußert sich dieser Ruf unserer eigenen Buddha-Natur in uns vielleicht auch im Außen, in Form eines Meisters oder Satsang.

Das ist eine große Kostbarkeit. Satsang ist nicht einfach irgendein Konsumartikel. Es ist ja schon nicht so häufig, als Mensch geboren zu werden. Es gibt, glaube ich, mehr Ameisen. Ameisen sind etwas Wunderbares, nichts gegen Ameisen. Aber das menschliche Leben hat besondere Möglichkeiten und Potenziale, die man als Ameise einfach nicht hat, und als Frosch nicht, als Pferd nicht, als Eiche nicht. Allein schon, da einmal hingekommen zu sein, ist eine Kostbarkeit. Zudem haben wir noch die Freiheit im Außen. Man kann nicht in jedem Land zum Satsang gehen. Die Freiheit der Information, die Freiheit, die Form oder die Methode zu wählen, das ist nicht so häufig, ob man sich nun die Geschichte anschaut oder die verschiedenen Regionen der Erde heute. Es ist ein unglaubliches Geschenk, überhaupt Zugang zur Wahrheit zu haben. Und dann vielleicht noch Zugang zu einem lebendigen Meister oder Lehrer, zu einer Manifestation, in der Menschlichkeit und Leerheit zusammenkommen.

Die Chance ist nicht so groß und man sollte sie ehren. Es geht ja letztlich darum, das Rad von Samsara zu verlassen, die Welt der Illusion, in der eine Wiedergeburt der nächsten folgt in einem endlosen Kreislauf. Es geht darum, das Geflochtensein auf dieses Rad der ewigen Wiederholungen immer derselben Geschichten zu verlassen. Die Ausgänge aus dem ewigen Kreisel von Tod und Neugeburt sind rar. Es zieht Menschen zum Satsang, die sich dieser Kostbarkeit bewusst sind oder bewusst werden können. Buddha spricht seine Schüler immer mit »Sohn oder Tochter aus edler Familie« an. Damit unterstreicht er genau das. Es geht dabei nicht um die Familie im Sinne der genetischen Abstammung, sondern um die vergangenen Verdienste, die jemanden Teil der Sangha, Teil der Familie der Sucher werden ließen. Sucher, die schon dabei sind zu finden, wenn sie zu Füßen Buddhas sitzen und ihm zuhören.

Zu diesen eher inneren Aspekten dessen, warum Menschen zum Satsang kommen, gehört auch, dass man sich vielleicht schon länger kennt, schon in früheren Leben ein Stück des weglosen Weges gemeinsam gegangen ist.

Ansonsten kommen Leute manchmal auch einfach in den Satsang, weil sie nicht wissen, was sie am Abend sonst machen sollen. Was tun wir heute? Ach, im Kino läuft nichts, gehen wir zum Satsang. Das gibt es durchaus und das ist ja auch völlig okay. Vielleicht ist das ja der entscheidende Moment. Und das nächste Mal lassen sie das Kino gleich sausen, weil sie wissen, wohin sie lieber wollen.

Wozu eigentlich Satsang?

Jeder Mensch, der die Augen nicht völlig vor der Welt verschließt, wird sich des Gefühls nicht erwehren können, dass es viel zu tun gibt. Da sind politische Missstände, Umweltzerstörung, Krankheiten und und und. Warum sollte also jemand seine wertvolle Zeit nichts tuend im Satsang unter ebenso nichts Tuenden schlichtweg absitzen? Still und friedlich, aber doch eben … nichts tuend? Ist Satsang selbstsüchtige Nabelschau?

Zunächst meint man, man sollte viel im Außen ändern. Aber eine viel tiefere Heilung tut zunächst not. Für jeden einzelnen Menschen, für Gemeinschaften, für die Gesellschaft, für Umwelt und Menschheit, für die Erde. Wichtig ist, zwischen oberflächlicher und tiefer Heilung zu unterscheiden. Oberflächliche Heilung heißt, dass man sich von Symptomen befreit. Man verschafft sich Erleichterung von Schmerzen, von Wut, Mangel oder anderweitig Unangenehmem, indem man die Auslöser im Außen verändert. Das ist wunderbar, aber keine wirkliche oder endgültige Lösung. Denn die Symptome werden wiederkehren, vielleicht wandern sie vom Hals in den Bauch oder ins Bein, vielleicht vom Wald in den Fluss oder die immer trockener werdende Steppe, vielleicht zieht sich ein Krieg von einer ethnischen Gruppe, von einer Nation zur nächsten. Das Rad des Leidens, des Samsara – eine immer wiederkehrende Wiederholung derselben Muster, derselben Wünsche und Abneigungen. Es ist immer derselbe Versuch, seine Wünsche im Außen zu erfüllen, um endlich satt und glücklich zu werden. Und immer wieder bleibt man hungrig und enttäuscht zurück. Echte Heilung ist nicht geschehen.

Was dir möglich ist, ist Integration. Nur dann kann überhaupt erst von Heilung gesprochen werden. Vorher ist es Symptombekämpfung. Was nötig ist, ist zunächst die tiefe, liebevolle Akzeptanz deines eigenen Wesens mit allen Macken und allen Begabungen. Das kann ein langer oder ein kurzer Weg sein, ein schmerzhafter oder freudvoller, oder alles zugleich – es ist der Beginn des Weges zu Transformation und Transzendenz. Was du entdecken wirst, ist die grundlegende Gutheit deiner selbst, die grundlegende Gutheit jedes Wesens. Sie liegt allem zugrunde. Nun taucht ein erster Geschmack von Friedlichkeit und Stille auf. Dem kannst du dich immer weiter, immer tiefer zuwenden. In der tiefen Untersuchung aus der Stille heraus ist eine anhaltende Transformation von Gier, Zorn, Eifersucht, Neid und anderen gestörten Emotionen möglich. Dafür ist viel Geduld nötig, es ist ein wegloser Weg ohne Fahrplan. Im Satsang gehen wir diesen Weg, indem wir immer wieder innehalten, wir üben Achtsamkeit, Treue, Nicht-Wissen, immer am Anfang stehen, Still-Sein, Hingabe und Loslassen, Loslassen, Loslassen.

Wenn ich aus der Stille auf all die Schmerzen in der Welt blicke, entdecke ich genau dieselben Wurzeln, die schon Buddha und alle Meister ausmachten: Gier, Hass und Verblendung. Ob es um unseren schmerzenden Körper geht oder um die Welt, wir haben unseren Anteil daran und sollten schon deshalb nicht wegsehen. Unser Anteil ist unsere eigene Unbewusstheit, unsere Gier, unser

Krieg im Kleinen. Und genau hier liegt auch unsere Möglichkeit, denn die Welt ist wie ein Hologramm: Im kleinsten Teilchen ist das Ganze enthalten.

Die Medizin ist Stille, Bewusstheit, Hingabe, Mitgefühl. Wenn wir in der Stille entdecken, dass jeder von uns komplett ist, dass in uns kein Mangel, sondern Fülle ist, dass Zufriedenheit unabhängig von äußeren Umständen wie zum Beispiel Besitz oder Anerkennung oder Beziehung ist, dann werden Gier, Neid, Hass überflüssig – sie werden einfach verdampfen. Wir können in Bewusstheit wachsen und erkennen, dass niemand eine Insel ist. Jeder und alles ist in ständiger gegenseitiger Beziehung und Abhängigkeit vernetzt. Da ist keine Trennung. Wenn wir beginnen, diese Erkenntnis praktisch zu leben, dann müssen sich unser Verhalten, unser Umgang mit Ressourcen, unsere Hilfsbereitschaft, unser Verstehen und Leben von Gerechtigkeit und Frieden im Großen und im Kleinen vollkommen ändern. Wir werden eine umfassende Transformation erfahren. Und so können wir vielleicht wirklich auch im Außen für das Ganze heilsam tätig sein.

So ist ein Bodhisattva nicht nur ein Wesen, das Erleuchtung erlangt hat und aus Mitgefühl auf das Eingehen ins Nirvana verzichtet, um wirken zu können, bis alle Wesen Befreiung erlangt haben. Als Bodhisattva wird auch ein Praktizierender auf dem Weg zur Buddhaschaft bezeichnet, der sich in Weisheit und Mitgefühl übt und gelobt hat, Erleuchtung zum Wohle aller Wesen zu erlangen. In diesem Sinne tätig zu werden, ist jedem möglich, der zum Satsang geht.

Es ist eine große Herausforderung zur inneren Umkehr und Veränderung. Die Unsicherheit, die allerorten herrscht, die Unübersehbarkeit der Vergänglichkeit, die uns vor Augen geführt wird, sollten daher kein Anlass zu Angst, sondern zum Innehalten sein. Die vielen Aktionen für den Frieden sind sehr schön und wichtig. Und es gibt noch etwas darüber hinaus: ein Netzwerk der Stille. Zu jedem Zeitpunkt sitzen auf diesem Planeten Menschen in

Stille und Frieden in Meditation oder Gebet. Wann immer du in Stille und Frieden sitzt, bist du damit verbunden. Die Kraft dieser Stille und Liebe ist groß. Sie wirkt für den Einzelnen und für das Gesamte. Das ist nicht zu trennen.

Auf diese Weise ist Satsang dann ein Ort, an dem Frieden wachsen und sich verbreiten kann, nicht nur für uns, sondern für alle Wesen. Nicht nur im untätigen, nabelbeschauenden, sich selbst umkreisenden Herumsitzen, sondern durchaus auch in tätigem Mitgefühl. Aufgrund der Bereitschaft, sich selbst auch unangenehmem, innerem Erfahren fühlend zu stellen, und aufgrund eigener Transformation wird dieses tätige Mitgefühl aber nicht in Flucht oder Helfersyndrom oder Ich-bin-ja-so-gut-Egoismus ausarten. Satsang geschieht in Absichtslosigkeit, ohne Fragen nach einem Ergebnis oder Lohn, ohne Hoffen auf Veränderungen, ohne Ziele und zugleich in Ausrichtung und Optimismus.

Wahrheit

Satsang ist das Sein in und mit der Wahrheit. Was aber ist wahr? Was ist Wahrheit? Wahrheit – das war für mich schon immer die treibende Kraft. Bereits als Kind löste sich mein Vertrauen in die Sicherheit und wirkliche Gegebenheit des Materiellen auf. Ich sah einen Hund in weiter Entfernung, sagte: »Dackel« und mein Vater, der auf ebendieses Tier blickte, sagte: »Das ist eine Kuh.« Dabei konnte ich damals doch schon ganz genau zwischen Hund und Kuh unterscheiden. Bei diesem Schreck für das kleine Mädchen blieb es nicht, ich lernte später, dass auch kein Verlass ist auf das, was andere sagen oder schreiben, dass man Worten nicht unbedingt trauen kann und auch nicht den Gefühlen, nicht den eigenen und nicht denen der anderen. Alles verging und war nach Momenten schon wieder vergessen, verändert, schlicht unwahr. Ich gab nicht auf und suchte weiter. Denn ich war davon überzeugt, wusste im tiefsten Innern, dass es etwas

Wahres geben muss. Dieses Wissen gab dem Mädchen von damals Kraft.

Was ist Wahrheit? Jesus hat die Frage nicht beantwortet, als Pilatus sie ihm stellte. Damals auf meiner Suche hat mich das erschüttert. Warum antwortete er darauf nicht?! Er, der es doch wissen muss! Auf die Frage, die so stark in mir brennt! Heute kann ich schon verstehen, dass er darauf nichts sagte. Man kann dazu schweigen, in Wahrheit still sein. Aber vielleicht lohnt es dennoch, einiges zu sagen; ich will es versuchen.

Die Sehnsucht nach der Wahrheit liegt mehr oder weniger tief verschüttet in jedem von uns. Doch im alltäglichen Leben, in dem, was die Menschen für gewöhnlich wahrnehmen, oder wahr-zu-nehmen meinen, in dem, was sie äußern und tun, da ist wenig Wahres zu finden. Und das liegt gar nicht mal daran, dass sie in böser, falscher Absicht lügen würden. In der demokratischen Gesellschaft, in der man sich gern Toleranz auf die Fahnen schreibt, verliert sich die Idee von Wahrheit. Als Begriff wird sie benutzt für Meinungen, Regelungen und Theorien, als Bekräftigung für Argumente, die aber widerlegbar sind – und widerlegt werden. Man bekommt den Eindruck, dass es keine Wahrheit gibt. Es wird diskutiert und debattiert, jeder ist froh, seine Meinung kundtun zu können. Und oft geht es dabei nicht um Wahrheit, sondern um Recht-Haben. Man einigt sich nicht, sagt vielleicht friedlich, dass hier nun mal jeder anderer Meinung sei. Oder man findet einen Kompromiss, der nicht selten faul ist. Der Verstand kann für alles Gegenargumente finden und lässt uns in der Patt-Situation zurück: Es könnte so sein – oder genau anders. Als wollten wir das nicht dauerhaft spüren müssen, legen wir uns gern auf eine Meinung, eine Färbung fest und hinterfragen sie nicht mehr. Wenn wir dann von Wahrheit sprechen, sind wir schon sehr weit von ihr entfernt.

Ungeachtet dessen aber sprechen wir unentwegt von Wahrheit, beispielweise in politischen oder sozialen Diskussionen. Dort aber geht es um pluralistische Wahrhei*ten*. Das heißt, jeder hat so seine eigene Wahrheit, es gibt die Wahrheit verschiedener Parteien, die Wahrheit verschiedener Gruppierungen. Das sind schlicht Meinungen, die das Etikett Wahrheit bekommen.

Dann gibt es Wahrheit in der Wissenschaft, so genannte Fakten. Dann Wahrheiten im Sinne von Gesetzmäßigkeiten, wie Ursache und Wirkung, unumstößliche Wahrheiten mit ihren Folgen, die du nur akzeptieren kannst. Wenn du auf der Bananenschale ausrutschst und hinfällst, bist du mit der Wahrheit der Erdanziehungskraft konfrontiert und mit der Wahrheit des körperlichen Schmerzes.

Wenn Menschen miteinander zu tun haben, wollen sie sich meist nicht anlügen. Freunde gehen davon aus, oder versprechen es sich, dass sie einander immer die Wahrheit sagen wollen. Und ertappt jemand seinen Geliebten beim Lügen, sind Schmerz und Enttäuschung groß. Die »Wahrheit«, die von ihm gefordert wird, ist aber auch nur eine sehr begrenzte.

Manchmal ist es auch nur ein Gefühl, das als Wahrheit bezeichnet wird. Es wird fälschlicherweise als Wahrheit betrachtet. Das ist ein Problem dieser Zeit. Wir tendieren dazu Wahrheit und Gefühl gleichzusetzen. Ein Gefühl wird dann nicht selten als Beweis für die Wahrheit hinzugezogen. »Es fühlt sich für mich so an.« Was soll man da noch sagen, entgegnen, diskutieren? Da bleibt nur, es zu schlucken. Das ist ein sehr subjektiver Wahrheitsbegriff, der weit verbreitet ist in dieser Zeit.

Diese vielen Wahrheiten aber, das ist ja nicht *die* Wahrheit. Sie beschreiben vielmehr den Zustand, in dem wir uns heute kollektiv befinden. Zumindest betrifft das die intellektuelle Schicht. Dieser Zustand befriedigt uns aber nicht, er frustriert uns, auch politisch. Er macht uns handlungsunfähig. Viele trauen sich nicht mehr zu handeln oder irgendetwas Größeres umzusetzen, denn es könnte ja auch falsch sein. Es gibt ja so viele Meinungen dagegen. Das sind Meinungen von außen, aber auch die im eigenen Kopf. Das ist ein unnatürliches Chaos.

Es gibt Wahrheit. Es ist wichtig, sich das bewusst zu machen. Es gibt *eine* absolute Wahrheit, die jenseits der Dualität ist. Innerhalb der Dualität, innerhalb der Welt der Phänomene gibt es relative Wahrheiten. Relative Wahrheit bedeutet, dass die Wahrheit sich immer auf etwas bezieht. Wenn ich zum Beispiel sage: Heute ist das Wetter gut, dann ist das wahr im relativen Sinne, also innerhalb der Welt der Phänomene, denn das Wetter ist *heute* gut, ich weiß nicht, wie es morgen ist, diese Wahrheit ist also begrenzt innerhalb der Zeit. Sie ist ebenso begrenzt auf einen Ort, es kann ja schon hundert Kilometer weiter schlechtes Wetter sein. Das betrifft alle Aussagen, die wir innerhalb dieser Welt treffen, sie beziehen sich immer auf etwas. Während die eine, absolute Wahrheit jenseits der Phänomene und der Dualität liegt, aber natürlich alle Phänomene und alle relative Wahrheit in sich einschließt. Die Buddhisten betonen immer und sehr zu Recht, dass wir weder die absolute Wahrheit noch die relative Wahrheit unterdrücken dürfen. Wir dürfen also nicht die relative Wahrheit zugunsten der absoluten Wahrheit verleugnen, das ist sehr wichtig, weil daraus etwas entsteht, was ich immer als Advaitismus kritisiere – wir werden darauf noch kommen. Und wir dürfen natürlich auch nicht die absolute Wahrheit zugunsten der relativen Wahrheit verleugnen, das wäre dann Atheismus oder Materialismus. Deshalb nennt Buddha im Übrigen seinen Weg auch den mittleren Weg. Weil es darum geht, genau die Mitte zu halten, also weder zu sagen: Dinge existieren nicht, noch zu sagen: Es sind nur die Dinge, die existieren.

Eigentlich ist es wesentlich komplexer, als ich es in dem begrenzten Rahmen hier darstellen kann. Und freilich ist es leichter zu sagen, was Wahrheit nicht ist. Wesentlicher aber könnte sein, sich zu fragen: Was kann uns zur Wahrheit, in ein direktes Erfahren führen? Und dann noch weiterführen in ein Bleiben in dem Erfahren und dann noch weiter in ein Handeln aus dem Erfahren – in eine Manifestation des Wahren.

Die Wahrheit will immer neu inkarniert werden. Sie ist nicht starr, veraltet nicht. Sie kann nur in jedem Moment frisch und neu sein.

Letztlich sind es nur Konzepte, Vorstellungen, Wünsche, Urteile, die dir die Sicht auf die Wahrheit verstellen. Sie alle gründen auf der Illusion des Ich, der Person, die von all den anderen Personen und Dingen getrennt ist. Spaltung, Trennung und schließlich Leiden sind die Folge. Solche Konzepte und Ideen zeigen sich alltäglich in Wünschen entsprechend der individuellen Vorstellung von Glück. Das reicht bis tief in alle wirtschaftlichen und politischen Aktivitäten hinein. Aber auch tief in die spirituelle Welt mit den Wünschen nach Erleuchtung, Ekstase und außergewöhnlichen Erfahrungen. Das ist dasselbe Missverständnis!

Wir kommen der Wahrheit näher, wenn wir untersuchen, wie und mit welcher inneren Haltung wir die Dinge betrachten. Denn die Dinge sind immer dieselben, nur die Sichtweise kann sich völlig unterscheiden. Du hast immer wieder die Wahl, welche Sichtweise, welche Haltung, welche Motivation, welchen Standpunkt du einnehmen willst.

Wie ist es, wenn dein Reden und Handeln von einer Furcht oder einer Gier her motiviert sind? Und wie ist es, wenn deine Motivation in derselben Situation Hingabe oder Liebe ist? Das ist interessant auszuprobieren. Du hast immer wieder und wieder die Freiheit zu wählen und damit natürlich auch die Selbstverantwortlichkeit. Alles, was an Schleiern des Wünschens und Wollens und des Ablehnens und Nicht-Wollens zwischen dir und der Wahrheit steht, kann so allmählich offenbar werden und sich auflösen.

Einfach sein – still, friedlich und freudig

Im Satsang, im Zusammensein mit einem Erwachten, der als Lehrer dient, entsteht ein »Feld«. Mein Meister Osho nannte es ein Buddhafeld. Um Buddha waren immer zahlreiche Schüler, von denen einige ebenfalls erleuchtet waren; das verstärkt dieses Feld natürlich ungemein. Es ist ein Feld oder sagen wir mal eine Atmosphäre der Bewusstheit. Das hat auch eine Wirksamkeit. Sie entsteht einfach in der Präsenz einer Präsenz. Das ist ein wesentlicher Faktor, auch in Hinsicht darauf, was ohne Worte passiert, was zwischen den Worten ist. Denn das ist es, was einen Schüler wachsen lassen kann.

Hier kommt alles zusammen: der Same und der Boden, auf den der Same fällt. Dazu das Umfeld, in dem der Same gedeihen kann. Es gibt sicher manchmal »exzellente« Schüler, die keiner weiteren Anleitung bedürfen. Das ist dann ein besonders fruchtbarer Boden, auf den der Same fällt, und gleichzeitig Hilfe für alle anderen Schüler, ohne dass diese bereits sehr stillen, bewussten und friedlichen Schüler dabei selbst ins Lehren verfallen würden. Das gab es immer und gibt es immer mal wieder. Die meisten Menschen aber kommen natürlich erst durch das Erfahren und Erkennen dahin, mehr und mehr selbst präsent zu sein in der Präsenz. Manchmal braucht es auch das Schwert, den Zen-Stock, es braucht Anleitung und Methode. Methode und Weisheit sind die beiden Flügel.

Wenn du mir bis zu diesem Punkte mit offenem Geist und offenem Herz in einem großen Hören gefolgt bist, dann wirst du erstaunt feststellen, wie schnell wir bereits in die Tiefe gekommen sind. Das ist in diesem Buch so und das ist auch im Satsang so, wenn die Bereitschaft zu hören da ist. Wenn diese Bereitschaft zu hören und die Fähigkeit zu hören, nicht nur mit den körperlichen Ohren, dafür aber mit dem Herzen und einem wachen, klaren, weit offenen und nicht zu vorurteilsbelasteten Geist, noch weiter wächst, dann wirst du beginnen, auch zwischen die Worte zu hören. Zwischen den Worten und natürlich in Phasen der Stille, wenn weder Schüler noch Meister sprechen, ist eine sehr direkte Begegnung, unverstellt von Bedeutungen, Meinungen, Worten oder Gefühlen möglich. Osho sagte immer, wir sollen ganz besonders zwischen die Worte hören, weil sich dort Stille und Wahrheit auftun. Wenn du dich ganz auf diese Stille einlassen kannst, dann ist in Momenten der Gnade ein sehr direkter Zugang zur Stille, zur Friedlichkeit, zum Mitgefühl möglich. Und du wirst erkennen, dass die Stille genauso in den Worten wie zwischen den Worten eines Buddha schwingt, denn die Stille ist der Raum, der Worte, Gedanken, Handlungen überhaupt erst ermöglicht. Die Stille ist wie der Raum in der Zeit.

Die Lücken zwischen den Worten, genauso wie die Lücken zwischen den Gedanken, sind noch in anderer Hinsicht sehr bedeutsam: Es ist als würdest du durch die gespreizten Fingern deiner Hand blicken und dich nicht mehr auf die einzelnen Finger, die sich vielleicht vor deinen Augen hin und her bewegen, fixieren, sondern durch die Lücken blicken. Auf einmal siehst du den Hintergrund, der vorher durch die sich bewegenden Finger verdeckt war. Diese Entdeckung ist sehr wichtig. Die weitere Praxis besteht dann darin, diese Entdeckung zu vertiefen, ihr treu zu sein und mehr und mehr sowohl im Satsang, als auch im Alltag Lücken wahrzunehmen. Der weitere Schritt wäre, selbst dann, wenn dir Lücken nicht offensichtlich wahrnehmbar sind, um die ständige ungebrochene Präsenz der Stille und Friedlichkeit zutiefst zu wissen und von ihr auszugehen.

Historischer und philosophischer Hintergrund

Advaita Vedanta und die Upanischaden

Satsang entstammt der östlichen, indischen Tradition und dort insbesondere dem Advaita Vedanta, dem »höchsten« Weg innerhalb des Hinduismus. Als Lehre der Nicht-Zweiheit weiß Advaita Vedanta um das unteilbare Eine, das SELBST, Brahman genannt – nicht zu verwechseln mit Brahma, der als einer der Götter schon zur Welt der Erscheinungen, zum Geschaffenen gehört und somit der Vergänglichkeit preisgegeben ist. Brahman manifestiert sich in unendlich vielfältigen Formen, alles ist im Grunde Brahman, alles ist in der Essenz das unteilbare Eine. Es kann nicht gesehen werden, denn es ist das, was sieht. Dies zu erkennen, es in der Meditation und der Selbsterforschung zu erfahren, ist die Aufgabe des Suchenden. Was er finden wird, ist das, was immer da war, es war ihm so nah, dass er es nicht wahrnehmen konnte, es war verdeckt von all den Schleiern, Projektionen, Ideen, Gedanken und emotionalen Verwicklungen, die er »Ich« nannte. Er empfand sich als abgetrennt vom Ganzen und erwacht aus diesem Traum, indem er die Dualität aufhebt, indem er realisiert, dass nur Brahman wirklich ist und dass er selbst Brahman ist. Deshalb heißt einer der wesentlichen Sätze der Advaita-Lehre *tat tvam asi,* »Du bist DAS«. Nur dies gilt es zu erkennen.

Der Begriff der »Nicht-Zweiheit« ist sehr bewusst gewählt. Oft sprechen wir ja auch von »Einheit«, meinen damit vielleicht das Gleiche, sind aber in der Tiefe nicht so genau wie das Advaita. Denn »Einheit«, »eins«, impliziert ja schon »zwei« und »drei« und so weiter. Die Eins kann nicht allein stehen. Deshalb verneint man die Zweiheit mit dem Begriff *A-dvaita,* »Nicht-Zweiheit«, und sagt damit, dass es absolut nichts als das Eine gibt. Und darum, so erklärt es beispielsweise Osho, ist es auch unsinnig davon zu sprechen, »eins mit Gott« zu werden oder werden zu wollen. Denn das hieße ja, dass man getrennt von ihm ist oder war oder sein könnte, es hieße: »Da ist Gott und da bin ich.« Das aber ist Teil der Illusion, diese Getrenntheit gibt es nicht. Da ist Nicht-Zweiheit, Advaita.

Die heiligen Texte des Hinduismus, die Veden, sind uralte Niederschriften der Hymnen und der Rituale für die Kommunikation mit den Göttern. Formal zu diesen Veden gehörig stellen die Upanischaden eine Besonderheit dar, sie sind nämlich Kommentare zu den früheren Veden, Texte, die sich mit der Verinnerlichung und Umsetzung dieser Anweisungen beschäftigen. Sie begründen die Philosophie des Advaita-Vedanta, sie zeigen auf, dass alles außer Brahman, dem Einen, dem Unteilbaren, vergänglich, von anderem abhängig und letztlich illusionär ist. Wenn wir im Satsang die Stille in uns und in allem erfahren, wenn nichts als die Stille bleibt, wenn wir zum SELBST durchdringen und uns als eins mit allem was ist erfahren, folgen wir dem Advaita-Weg, der Lehre der Nicht-Zweiheit.

Große Advaita-Meister der Vergangenheit

Ashtavakra

Die heilige Überlieferung Indiens kennt eine ganze Reihe von Offenbarungsreden, Gita genannt, deren größte und bekannteste sicher die *Bhagavadgita* ist. Die *Gitasangraha* ist eine bis heute wesentliche Sammlung von 13 solcher Reden – Brahman offenbart sich hier in wechselnden Gestalten, in Aspekten seiner selbst, als Shiva, Vishnu, Durga, Ganesha oder anderen hinduistischen Göttern, um erkannt zu werden. Ein einziger dieser 13 Texte aber ist von einem Menschen, einem Weltenüberwinder, einem Erwachten geschrieben worden, die *Ashtavakragita,* die Offenbarungsrede Ashtavakras. Sie spiegelt das Empfinden eines Menschen, der alles von sich abgeschüttelt hat. Aufgebaut als Gespräch zwischen fragendem Schüler und ausführlich antwortendem Lehrer bewegt sich dieser poetische und schöne Text hin und her zwischen Weltumfangenheit und Weltüberwindung, geht den Weg zwischen diesen beiden Extremen mehrmals und verlockt den Lesenden, ebenfalls das Anhaften am Weltlichen aufzugeben.

Osho nannte die *Ashtavakragita* den reinsten Ausdruck von Advaita, und obwohl dieser Text wenig bekannt ist, stellte er ihn in seiner Bedeutung über die Veden und die *Bhagavadgita,* vor allem deshalb, weil er sich für keinerlei Interpretation benutzen lässt. Wer ihn verstehen will, muss selbst zunächst leer werden wie ein wolkenloser Himmel, nur meditativ lassen sich diese Worte aufnehmen.[4]

Ashtavakra heißt »der achtfach Gebogene«. Er erhielt diesen Namen aufgrund seiner körperlichen Schäden, die ihm ein Fluch seines Vaters einbrachte. Die Überlieferung zumindest berichtet, dass er bereits aus dem Mutterleib heraus seinen gelehrten Vater verbesserte, woraufhin dieser gekränkt war und sich wünschte, dass dieses Kind verkrüppelt zur Welt kommen möge. Doch schon als Junge, fernab von Vorwürfen oder Selbstmitleid, wusste Ashtavakra, dass er nicht der Körper war, nicht das sinnlich Erfassbare, nicht das Benennbare.

Als Zwölfjähriger erschien er auf einer Versammlung von Brahmanen und Weisen und mischte sich in deren Disput ein. Und aufgrund seiner Erscheinung wurde er ausgelacht. Doch was geschah: Er stimmte frei und freu-

4 Vgl. Osho: *Enlightenment: The Only Revolution*

dig in das Lachen ein. Ganz unabhängig von der Weisheit seiner Reden belehrte er die Anwesenden darüber, was es heißt, nicht hineinverstrickt zu sein in das Irdische, auch nicht in etwas, was andere vielleicht ein bemitleidenswertes Schicksal nennen oder böse verlachen. Er hielt ihnen den Spiegel vor, der die Reiferen unter ihnen erkennen ließ, dass sie nur die äußere Form betrachtet hatten und die Präsenz darinnen nicht sehen konnten. Er fragte sie: »Wenn ein Gefäß verbogen ist, ist dann auch sein Inhalt verbogen? Wenn ein irdener Topf zerbricht, zerbricht dann auch sein Inhalt?«

Einer, der recht klar erkannte, dass aus diesem verkrüppelten Körper ein Erwachter sprach, der sich der Grenzenlosigkeit des SELBST bewusst war, war damals König Janaka, der daraufhin auch Schüler des jungen Ashtavakra wurde – der König suchte Zuflucht bei einem zwölfjährigen verkrüppelten Jungen.

Shankara

Shankaracharya, der »Heilbringer«, gilt als ein weiterer Hauptvertreter der Advaita-Philosophie und als einer der größten Heiligen Indiens. Seine Lebensdaten werden mit 788 bis 820 angegeben. Als sein Hauptwerk wird *Viveka-Chudamani* genannt, *Das Kleinod der Unterscheidung,* eigentlich eine kurze Zusammenfassung der wichtigsten Lehren aus den Upanischaden und ebenfalls die ausführliche Lehrrede eines Meisters. In diesem Werk – sein Titel ist ein klarer Verweis auf den Inhalt – geht es um eine wesentliche Kraft, die ein Schüler entwickeln muss: die Kraft und Fähigkeit zur Unterscheidung. »Richtige Unterscheidung lässt uns das wahre Wesen eines Seils erkennen und vertreibt die quälende Angst, die unsere irrtümliche Annahme, es sei eine Schlange, hervorruft.«[5] Nun ist das natürlich nur ein Bild, ein Beispiel zum besse-

5 Shankara: *Das Kleinod der Unterscheidung;* Seite 9

ren Verständnis. Worum es Shankara geht, ist die Unterscheidung zwischen Brahman und Weltall zu lehren, zwischen dem Ewigen und dem Vergänglichen, zwischen dem ungeteilten SELBST und den Erscheinungen. Wer dauerhaft in Brahman, dem Einen ohne ein Zweites, verweilt, erkennt letzten Endes, dass es »(…) keinen Unterschied zwischen Mensch und Brahman oder Brahman und Weltall gibt. Denn er erblickt Brahman in allem.«[6] Während er immer wieder darauf hinweist, dass jeder selbst, mit seinen eigenen Augen sehend, aufgrund seiner eigenen Erfahrung zur Erleuchtung und dem Verweilen in Brahman gelangen kann, gibt er dem lesenden Schüler in seiner Schrift alle in Worte fassbaren Einsichten mit auf den Weg. Er geht dabei wie ein Selbsterforscher, ein Meditierender vor, der alles sinnlich Wahrnehmbare, Körper, Gedanken, Gefühle, Gegenstände und so weiter mit dem *neti, neti,* dem »nicht dieses, nicht dieses« als Nicht-Brahman ablehnt, bis er zum wahren SELBST, zu Brahman gelangt. »Lass die Welt der Objekte aus deinen Gedanken weichen. Lass dein Denkorgan in der Wirklichkeit verharren, die voller Freude ist. Gleichgültig, ob du äußere Erscheinungen betrachtest oder im eigenen Inneren meditierst: Gehe ganz in Brahman auf. Auf diese Weise verbringe deine Zeit, bis die Rückstände deiner früheren Karmas sich ausgewirkt haben.«[7]

Ramana Maharshi

Bei vielen Lehrern der heutigen Satsang-Szene steht auf dem Altar das Porträt eines Mannes mit dunkler Haut, weißem Haar, weißem Bart und Augen, die uneingeschränkte Liebe und tiefstes Verständnis ausstrahlen. Im Blick Ramana Maharshis liegt Gnade in ihrer alles durchdringenden Kraft und zugleich ihrer Zartheit. Es ist kaum

6 Shankara: *Das Kleinod der Unterscheidung;* Seite 124
7 Ebenda, Seite 91

zu glauben, dass dieser Advaita-Meister schon 1950 seinen Körper verlassen hat, so präsent wie er heute noch ist, und das eben nicht nur in seinem Ashram in Tiruvannamalai im Süden Indiens. Dorthin zog es ihn als jungen Mann, der sich nach einer bewusst durchlebten Todeserfahrung, die einem Erwachen gleichkam, vom Berge Arunachala angezogen, herbeigerufen fühlte. Dort, eben in der Nähe der Ortschaft Tiruvannamalai, saß er für Jahre in einer Höhle und meditierte. Seine Präsenz, seine Stille muss für viele andere Menschen spürbar gewesen sein, immer wieder kamen sie, um ihn um Unterweisung zu bitten. Doch Ramana schwieg. Er schwieg jahrelang. Und dennoch bewirkte sein bloßes Sein eine Transformation in denen, die sich darauf einlassen konnten. Irgendwann erklärte sich Sri Ramana doch bereit, zu lehren und auf Fragen von Suchenden zu antworten. Und so sind uns heute auch eine Reihe der Gespräche des »Weisen vom Berge Arunachala« in Buchform zugänglich.

Die Methode Ramana Maharshis, die er auch seinen Schülern empfiehlt, ist die der meditativen Selbsterforschung. Die zentrale Frage, die dabei immer wieder gestellt wird, ist: »Wer bin ich?« Wenn man sich das ernsthaft fragt, mag man in den Antworten bei Äußerlichkeiten beginnen, die dann vielleicht Biographischem, bald auch inneren Wallungen weichen – und immer mehr wird abfallen, immer weniger wird in Frage kommen, das als Antwort taugt. Ein Schälprozess, der den Verstand, das Ego in Wut und Verwirrung treiben kann. Ein Prozess, der letztlich zum Erwachen führt.

Arjuna: Wer/was ist es, der diesen Moment erfährt?

Als Ramana Maharshi mit etwa 16, dem visionären Ruf folgend, den Berg Arunachala zum ersten Mal vor sich sah, wusste er, dass er nun auch äußerlich zu Hause angekommen war. Er verließ diesen Platz nicht mehr. Als seine Schüler des Ashrams, der sich inzwischen gebildet hatte, Anfang 1950 dann bemerken mussten, dass der schwer Erkrankte nicht mehr lange zu leben hätte, sagte er zu ihnen: »Man sagt, ich würde sterben. Aber ich gehe nicht fort. Wohin sollte ich gehen? Ich bin hier.«[8] Und im Ashram ist das bis heute spürbar, die Stille, die Liebe, die Präsenz des SELBST. Das ist Satsang.

Advaita und Satsang auf ihrem Weg in den Westen

In der zweiten Hälfte des 20. Jahrhunderts zog es immer mehr Menschen aus Europa und dem nördlichen Amerika in die östlichen Gefilde der Welt. Die westliche Kultur bot ihnen keine wirklichen oder erlösenden Antworten mehr auf die brennenden Fragen nach Sinn und Inhalt des Lebens und nun war eine Generation erwachsen geworden, die diese Fragen nicht mehr im routinierten Alltagsgeschehen ersticken wollte. Neben Tai-Chi-Meistern in China, Zen-Meistern in Japan und buddhistischen Mönchen und Lamas aus Tibet waren es vor allem indische Gurus, bei denen diese Europäer und Amerikaner Zuflucht suchten. Viele wirkten hier befruchtend, aber recht bald versammelten sich die Sucher um Meister, die bis heute ungeahnte Bedeutung für die neue erwachende Spiritualität im Abendland haben, das zuvor vor allem kirchlich geprägt war, zum Beispiel Osho (zuvor als Bhagwan bekannt), Jiddu Krishnamurti und Schüler des 1950 verstorbenen Ramana Maharshi.

Papaji, Gangaji und ihre Schüler

Zu Letzteren gehört Papaji, auch als Poonja bekannt, der unter den Schülern Ramanas sicherlich den größten Einfluss auf den Westen hatte. Er war ein sehr bodenständiger Meister. 1910 geboren, verbrachte er viele Jahre als Profi-Ringer und Bombenleger im Widerstand gegen die englischen Besatzer. Auch als er dann Ramana Ma-

8 Ramana Maharshi: *Gespräche des Weisen vom Berge Arunachala;* Seite 9 (Vorwort)

harshi begegnet war und sich von seiner Gegenwart tief berührt und verwandelt fühlte, blieb er ein sinnlicher Mensch, der sich vor allem dem Gott Krishna zugehörig fühlte. Doch irgendwann ließ die Kraft der Anrufungen Krishnas nach, Poonja kehrte zu Ramana zurück und erkannte, dass es nicht ausreicht, sich nur einem Aspekt Brahmans, nur einem bildlich erfassbaren Teil des Ganzen zuzuwenden. Er erwachte unter den intensiven Blicken seines Meisters. »Das ›Ich‹, das so lange nach einem Gott außerhalb seiner Selbst gesucht hatte, verschwand für immer in dem unmittelbaren Wissen und der Erfahrung des Selbst, welches der Maharshi mir offenbarte.«[9]

1947, nach Jahren, in denen er jeden freien Tag im Ramanashramam verbracht hatte, kehrte Poonja in seine nördliche Heimat Lucknow zurück. Er lehrte dort oder wie er es beschrieb, der Maharshi lehrte durch ihn. Im Titel seines bekanntesten Buches *Wach auf, du bist frei* ist schon zu hören, dass es ihm darum ging, den Menschen begreiflich zu machen, dass es nichts zu erreichen gibt, sondern dass alles Erstrebenswerte bereits in ihnen vorhanden ist. Jeder Mensch ist bereits frei, er muss es nur selbst bemerken, nur selbst aus seinem Traum, aus seinen Wünschen und Abneigungen erwachen.

Nach Lucknow kamen später auch viele westliche Schüler, um von ihm unterwiesen zu werden und in seiner Präsenz die Stille zu erfahren. Einige von ihnen wies Papaji an, als eine Art Botschafter in den Westen zurückzukehren. Unter anderem Gangaji, der er am heiligen Fluss diesen Namen gab, wurde zu seinen Füßen eine Erwachte und brachte Advaita Vedanta nach Amerika und Europa. Eine große Zahl der heutigen Satsang-Lehrer weltweit geht auf Gangaji und andere Schüler Poonjas zurück. Sie stehen so in der Linie, deren bekannteste Vertreter der frühe Shankara und der modernere Ramana Maharshi sind.

9 Poonja, zitiert nach Salvesen, Christian: *Advaita;* Seite 181

Raphael

Der in Italien lebende Raphael ist zugleich Gelehrter im europäischen Sinne und erleuchteter Advaita-Vedanta-Meister. Als Übersetzer der klassischen Werke der Advaita-Philosophie brachte er deren Weisheit einem großen westlichen Publikum nahe, zum Beispiel in *Unterscheidung zwischen Selbst und Nicht-Selbst,* einem von ihm kommentierten Text Shankaras. Raphael gründete nach indischem Vorbild einen Ashram, zu dem später eine Einsiedelei hinzukam, in der sich Menschen in Stille und Abgeschiedenheit ganz ihrem spirituellen Sein hingeben können. Der Meister selbst lebt dort, hält aber auch Vorträge und leitet Retreats in den USA und ganz Europa.

Seine Bücher sind vor allem Lehrgespräche, in denen er auf die Fragen seiner Schüler antwortet. Auf allerhöchstem Niveau oder besser gesagt: aus tiefstem Verständnis der vedischen Schriften führt er seine westlichen, und damit oft zunächst sehr intellektuell verhafteten Schüler zur Einsicht. Vor allem macht er ihnen deutlich, dass er sie nicht führen kann, dass er ihnen das Letzte, Wahre nicht sagen oder geben kann, weil es bereits in ihnen selbst ist. So antwortet er auf die Bitte, der Führer eines Menschen zu werden, dass dieser bereits einen unfehlbaren Führer habe, und zwar in sich selbst. »Ich bin schon in Ihnen. Raphael sind Sie selbst, Raphael sind wir alle. Eine Frage an Raphael ist eine Frage an uns selbst. Raphael ist ein Bewusstseinszustand.«[10] Es ist das SELBST, das in allem ist, das Ungeteilte, Unteilbare, die Nicht-Zweiheit.

Buddhistische Einflüsse

Meditation, Mitgefühl, Stille, Präsenz, Leere – all das sind Begriffe, die für Satsang eine wesentliche Rolle spielen, und zugleich Begriffe, die sich schnell mit dem

10 Raphael: *Jenseits des Zweifels;* Seite 80

Buddhismus in Verbindung bringen lassen. Und das erste Kapitel dieses Buches hatten wir ja auch mit einem Ausschnitt aus einer Lehrrede des historischen Buddha begonnen. Auch im Buddhismus sitzen die Schüler zu Füßen des Meisters, erfahren durch ihn die Stille, den Frieden, Meditation. Während wir im Westen heute unter Lehre meist eine reine Informationsvermittlung verstehen, die auch nur über Medien wie Bücher, Filme oder Internet erfolgen kann, lernen sie vor allem anderen in der Präsenz des Meisters, durch sein Sein, sein Ruhen in der Wahrheit. Worte der Belehrung können hinzukommen, oder eben nicht.

Einige Satsang-Lehrer haben auch Wurzeln in der buddhistischen Lehre und Praxis. So fließen deren buddhistisch geprägte Methoden auch in ihren Satsang ein, während andere Meister andere (oder gar keine) Methoden anbieten.

Osho und seine Schüler

Manche der heutigen Satsang-Lehrer sind Schüler Oshos. Auch ich gehöre dazu. Manche haben seine Lehren direkt von ihm als lebendem Meister im indischen Poona (oder zuvor in Oregon oder in der ganz frühen Phase ebenfalls in Poona) erfahren, oder sie wurden erst nach seinem Tod 1990 Sannyasins. »Gewöhnlich stellen wir uns unter einem Sannyasin, einem Weltentsager, einen Menschen vor, der der Welt den Rücken gekehrt hat. Das ist reiner Unsinn. Ein Sannyasin ist der einzige Mensch, der wirklich zu leben begonnen hat. Sannyas ist nicht Weltabkehr, sondern Einweihung ins Leben, die Abkehr von der toten Vergangenheit und der ungeborenen Zukunft. Es ist die Absage an selbstmörderische Tendenzen und das ewige Aufschieben des Lebens. Es ist Einweihung ins Leben.«[11] An diesem Zitat wird schon die Totali-

11 Osho: *Rebellion der Seele;* Seite 104

tät Oshos deutlich. Bei ihm gibt es keine halben Sachen, kein »bisschen Esoterik« – es geht um alles. Es geht nicht darum Buddha zu verehren, sondern darum, Buddha zu sein, das Leben in seiner bunten Gänze anzunehmen, sich selbst als verletzlich und unsicher, als nicht wissend und allein anzunehmen und das Dasein zu tanzen und zu feiern. Es geht darum, jeden Schritt als einen Schritt ins Unbekannte zu begreifen und ihn freudig zu wagen. Zentralpunkte seiner Botschaft sind Meditation und die Herausforderung, das Hier und Jetzt zu leben.

Im Zusammenhang mit Osho fällt manchmal der Begriff Rebell, dann aber kann damit keine Rebellion gegen etwas gemeint sein, sondern eine Rebellion »für etwas«, für den Durchbruch zum SELBST, zum wahren Sein, zur Freiheit, zum wilden, freudigen, tanzenden, spontanen Leben. Dafür steht Osho wie kein Zweiter und prägte damit auf wundervolle Weise die therapeutische und auch die Satsang-Szene in Europa. Seine Präsenz, seine Liebe, seine Kompromisslosigkeit, sein Lachen leben auch dort weiter.

Der Lehrer

Was ist ein Satsang-Lehrer?

Die Wege zum Göttlichen sind wie die Wege, die auf einen Berg führen. Sie sind anfangs breit und bequem. Und je höher du steigst, umso weiter wird der Blick und umso enger der Weg. In der Felsregion wird es steil und mancher Grat ist zu überwinden. Ein Mensch, der einige Wege an diesem Berg aus eigenem Erfahren kennt, ist beim Aufstieg sehr hilfreich. Einer, der selbst in Fallen getappt ist, der gefallen und wieder aufgestanden ist, der die Richtung und die Landschaft kennt und jetzt dauerhaft in Wahrheit und Stille ruht, kann dir die Hand reichen, kann deuten, kann Hinweise geben. Er ist ein Meister oder ein spiritueller Freund, ein Satsang-Lehrer. Das ist von unschätzbarer Kostbarkeit und ich bin zutiefst dankbar für all die Hilfe, die mir zuteil wurde. Gehen allerdings – das kann nicht oft genug gesagt werden – muss jeder selbst.

Für Satsang-Lehrer gibt es keine Urkunden, keine Diplome, keine Gütesiegel. Und auch was wir üblicherweise als eine Ansammlung von guten Charaktereigenschaften schätzen, ist hier nicht das Wesentliche. Es gibt nur Authentizität. Dafür aber Kriterien zu definieren ist fast unmöglich. Ich werde es dennoch versuchen:

Ein Satsang-Lehrer ist ein Mensch, der tief und konstant in der Wahrheit verwurzelt ist, aus der Wahrheit heraus lebt, handelt und spricht, ohne Ego. Die Ignoranz, die Gier, die Ablehnung und alles, was daraus an gestörten

Emotionen erwächst, haben aufgehört. Er bzw. sie ist ein Erwachter, eine Erwachte. Vom Erwachen gibt es viele verträumte Vorstellungen, die wir uns noch ansehen werden. Vor allem ist es keine abgeschlossene Sache. Ein Lehrer ist immer bereit, zu lernen.

Ein Satsang-Lehrer ist ein Mensch, der bereit und in der Lage ist, das weiterzugeben. Er ist bereit und in der Lage, immer wieder auf den Mond zu zeigen, mögliche Wege zu beschreiben und zu erklären, wie man dahin kommt. Er ist also ein Mensch, der bereit ist, sich einzulassen auf die Schüler. Für mich ist es oft so wie auf eine Brücke zu gehen, ans andere Ufer, weil ich ja sonst niemanden abholen kann. Das so zu formulieren, ist natürlich sehr zwiespältig, weil es letztendlich keine Ufer und keine Brücken gibt. Aber um das, was im Satsang geschieht, auszudrücken, muss ich diese Begriffe verwenden. Wenn ich auf dem jenseitigen Ufer verbleibe, dann geht es mir so wie Ramana in der Zeit, als er in der Höhle unter dem Tempel saß. Viele Fragende und Suchende hatten die Stille und Weisheit, die von ihm ausgingen, bemerkt. Sie baten lange um Belehrung. Irgendwann war schließlich in Ramana die Bereitschaft zu lehren geweckt.

Neben der Bereitschaft muss natürlich auch die Gabe, lehren zu können, da sein. Das ist eine individuelle Begabung, die nicht jeder Erwachte hat.

Gleichzeitig ist der Lehrer ein Mensch, der bereit ist, auch sein Schwert in Mitgefühl zu gebrauchen, wenn nötig. Und ein Mensch, der nicht nach Anerkennung und Bestätigung sucht, der also zutiefst unabhängig ist.

Da ist also einerseits das tatsächliche Verwurzelt-Sein in der Absolutheit, in der Leerheit, in der Gelassenheit, in der Geduld, in der Großzügigkeit, in der Freude, Furchtlosigkeit, im Mitgefühl ... und auf der anderen Seite Fähigkeit und Bereitschaft zu lehren.

Ich selbst allerdings spürte nicht den Drang, Satsang zu geben. Aber dann kamen Leute auf mich zu und fragten mich: Können wir nicht einfach mal mit dir sitzen, so alle paar Wochen mal. Okay, gern, warum nicht. Aus den wenigen sind dann schnell sehr viele geworden und es kamen Menschen aus anderen Städten hinzu. Ich habe immer sehr genau geprüft, ob es stimmig ist. Ich habe auch geschaut, ob ich die Qualität zu lehren habe. Und ich habe sie in mir gefunden. Ich war auch früher schon lehrend tätig, in einem anderen Kontext, in der Medizin. Das war sicher nicht unwesentlich und dennoch gänzlich anders.

Mein Erleben ist, dass ich staunend zusehe, was da geschieht. Und andererseits gibt es bis heute ein stetiges wachsames Überprüfen, ob sich da nicht irgendetwas einschleicht, was ich erwarten, haben oder erreichen will, auf welcher Ebene auch immer. Diese Wachsamkeit ist nötig, denn der Lehrer tanzt immer auf Messers Schneide. So anmutig er eben kann.

Viele sprechen gern über den inneren und den äußeren Lehrer. Milarepa sagte dazu: »Der äußere Lama klärt uns über die Natur des Geistes auf; der innere Lama ist die eigene Praxis; und der letztendliche Lama ist die Erkenntnis von der Natur des Geistes.« Das ist eine wunderbare Beschreibung. Der äußere Lehrer kann weisen, kann aufklären, kann hinweisen. Der innere Lehrer, der innere Lama oder Sat-Guru, wie die Inder den innere Lehrer nennen, ist kein schwammiges, dubioses, inneres Wesen. Der innere Lama ist nicht irgendeine innere Stimme, sondern ist die Kraft der eigenen Praxis, des eigenen Übens. Und der letztendliche Lehrer ist die Erkenntnis der Natur des Geistes.

Anderer Lehrer – anderer Satsang?

Die Wahrheit, die Stille, die Leere ist immer die gleiche. Und doch ist jeder Satsang anders. Es ist ja nichts Starres, kein festes Ritual. Satsang ist von höchster Lebendigkeit, frisch und in jedem Moment neu. Und natürlich gibt auch jeder Lehrer anderen Satsang. Es gibt sicher immer wieder mal auch Nachahmer, aber das ist ohnehin komisch, wo ist da die Authentizität?

Der Ausdruck der immer gleichen Wahrheit ist unterschiedlich. So wie sich ein Schmetterling und ein Elefant unterscheiden, obwohl sie beide Ausdruck des Einen sind. Die Individualität des Lehrers ist da, sie verschwindet nicht mit dem Erwachen – im Gegenteil. Jeder Lehrer hat eine andere Art, andere Methoden, jeder geht anders mit dem Lehren um. Ich verwende zum Beispiel relativ viele Methoden, ich bin sehr praktisch, sehr direkt. Das sind andere Lehrer überhaupt nicht. Die rein menschliche Art des Lehrers kann es auch sein, die den einen Schüler anzieht, den anderen eher beängstigt, langweilt oder was auch immer. Zu jeder Zeit gab es erleuchtete Meister, die in ihrem Ausdruck rau waren, und solche, die in ihrem Ausdruck sanft waren.

Das Wesentliche – und das gilt in jeder Zeit – ist ja, sich den Verkrustungen, den Anhaftungen, den Ego-Strukturen, den alten und neuen Schmerzen und Ängsten, die sich im menschlichen Geist über lange Zeit angesammelt haben, zu stellen, ihnen offen und in Bereitschaft zu begegnen. Die Wahrheit ist immer dieselbe. Wenn der eigene Geist gelernt hat, still in der Mitte von allem zu sein, in der Essenz aller Dinge zu ruhen, dann wird er die Lehre Buddhas, die Worte Jesu, die Weisheit Laotses, die Liebe Ramanas aufnehmen. Es ist immer derselbe Berg. Nur die Wege und Pfade zum Gipfel sind unterschiedlich. Und oben feiern Jesus, Buddha, Osho und all die anderen ein wunderschönes Fest. Ab und zu zeigen sie mal auf eine Seite des Berges und sagen: »Da ist ein Weg, der ist streckenweise etwas steil, aber er führt hierher nach oben.« Wer die Essenz aller Dinge immer klarer wahrnehmen kann, wer in ihr ruhen kann, der wird auch merken, welche Pseudolehren irgendwohin führen, aber eben nicht auf diesen Berg. Einfach an der Lebendigkeit, der Freiheit, am Geschmack.

Die Begegnung

Die Begegnung von Meister und Schüler ist oft und auf ganz unterschiedliche Weise beschrieben worden. Da gibt es das sofortige Erkennen, stolze Geschäftsleute, die sich beim ersten Blick des Lehrers dankbar und demütig zu Boden werfen, Tränen der Freude, die beim ersten Augenkontakt vergossen werden, die blitzartige Verwandlung eines Suchenden, der die grenzenlose Liebe seines endlich auftauchenden Meisters im Moment der ersten Begegnung spürt. Aber auch viele romantische Ideen herrschen in den Köpfen vieler Menschen. Was kann die Begegnung zwischen Lehrer und Schüler ausmachen?

Ganz nüchtern betrachtet gibt es auch hierbei Begegnung auf vielen Ebenen. Dass sich im Satsang die Körper verschiedener Menschen in einem Raum zusammenfinden, auch das ist schon Begegnung. Einer atmet die Luft ein, die der andere ausgeatmet hat, und umgekehrt. Auch das ist Begegnung. Vielleicht schauen sich Lehrer und Schüler in die Augen – eine Form von Begegnung. Dazu kommen die verbale Begegnung und die nonverbale Kommunikation. Und vor allem die Begegnung von Herz zu Herz.

Das alles ist aber nicht die Begegnung, die Satsang zu Satsang macht. Worum es geht, ist letztendlich eine Begegnung jenseits von Begegnung, letztlich sind da keine zwei. Man könnte auch sagen, es ist immer die Begegnung mit dem SELBST, im ganz großen Sinne, das SELBST ist nicht begrenzt. Das ist die eigentliche Begegnung.

Ich habe lange gebraucht, bis ich eine wirkliche Begegnung mit meinem Meister Osho zulassen konnte. Ich habe lange Zeit vieles von ihm gelesen, ich »wusste« vieles, aber die Begegnung hat nicht wirklich stattgefunden in mir. Und dann, bei einem Video von ihm, da ist es passiert, aufgrund von irgendetwas, das gar nichts mit dem zu tun hatte, was er gesagt hat. Es lag zwischen den Worten.

Ich habe dann Sannyas genommen, damit habe ich der Begegnung Ausdruck und Verbindlichkeit gegeben. Und er natürlich auch. Und dann fing Begegnung eigentlich erst richtig an. Die Begegnung war passiert und hat damit erst wirklich begonnen.

Es ist immer die Begegnung von SELBST zu SELBST, unabhängig auch, wie bewusst das dem Schüler anfangs sein mag. Aber es ist beides. Wenn ich mich nur darauf verlege, dass es eine Begegnung des ungeteilten SELBST ist, dann leugne ich die beiden Körper und Individualitäten und diese anderen Ebenen der Begegnung, die jeder kennt, und würde damit wieder einen Teil aus dem Ganzen abspalten.

Das Kostbare der Begegnung ist die Lebendigkeit. Wenn ich Satsang gebe, sitze ich ja nicht als ein Buch da. Was ich sage, ist absolut neu, es entsteht in dem Moment. Nicht neu in dem Sinne, dass es neues Wissen wäre, eine neue Entdeckung. Neu ist es, weil es frisch und spontan aus meinem Herzen kommt. Selbst dann, wenn ich alte Weisheitstexte zitiere oder nacherzähle. Ich sitze lebendig und ganz im Jetzt mit den Schülern zusammen. Und natürlich bin ich dabei auch unberechenbar. Es ist die Chance und gleichzeitig die Herausforderung für jeden, sich dieser Lebendigkeit, dieser Verkörperung des Wahren zu stellen, diesem Spiegel seiner Selbst. Und das Kostbare ist die bedingungslose Liebe und Unterstützung, die hier zu erfahren ist.

Satsang ist ja Begegnung mit Wahrheit, die nie enden kann, die nicht fixiert werden kann, nicht festgehalten. Das ist etwas ganz anderes als ein Buch zu lesen. Es ist auch für mich ein riesiger Unterschied, ob ich ein Buch vom Dalai-Lama lese oder ihm begegne. Das ist wichtig.

Die Herausforderung ist, sich auf die *lebendige* Wahrheit einzulassen. Und natürlich ist es eine Herausforderung für den Meister und den Schüler. Ich weiß nicht, wie das anderen Meistern geht, aber ich empfinde es auch als

Herausforderung. Denn ich lasse mich ja auch ein, auf den Moment, auf die einzelnen Schüler, auf die Gruppe.

Jegliches Manipulieren aus dem Ego heraus, bewusst oder unbewusst, wird natürlich in der Gegenwart eines lebendigen Meisters erheblich erschwert. Im Satsang hast du die Chance, dich wirklich einzulassen und im besten Falle wirst du sie nutzen. Das kann heißen, dass all deine Illusionen und Ideen, deine Konzepte und Meinungen wie Seifenblasen zerplatzen. Und wenn du ganz viel Glück hast, bekommst du den »Kopf abgeschlagen«. Die wahre Befreiung.

Dazu ist aber ein lebendiger Meister nötig. Es reicht niemals ein Buch zu lesen, auch nicht, wenn es *Satsang* heißt. Wer ein Buch gelesen hat, oder meinetwegen auch fünfhundert, der hat noch gar nichts verstanden, denn es geht nicht um intellektuelles Begreifen oder Lernen – es geht tatsächlich um eigene Transformation.

Die Begegnung mit dem Satsang-Lehrer kann also eine ganze Menge auslösen. Im günstigsten Fall entwickelt es sich so, dass ein Mensch immer wieder zu seinem Meister kommt. Viele Menschen haben erst einmal eine Phase, in der sie einfach herumgucken, das ist nicht anders als bei anderen Dingen auch, sie gehen hierhin und dorthin und machen sich ein Bild. Wenn man gutes Karma hat, macht es irgendwann Klick – dann passiert etwas Ähnliches wie Verlieben. Dann ist eine Öffnung da. Diese Öffnung ermöglicht ein tiefes Sich-Einlassen auf den Lehrer. Wenn das passiert ist, sollte man bei dem oder der einen bleiben. Dann ist weiteres Herumspringen nicht sinnvoll. Wozu auch? Was soll jetzt noch gesucht werden? Dann beginnt die Arbeit. Bis dahin ist man Gast. Nun wird man zum Schüler und das braucht auch Stetigkeit und Verbindlichkeit.

Sich selbst genau zu prüfen, ist hier sehr wesentlich. Du musst überprüfen, ob du von einem Lehrer zum anderen gehst, weil du dich noch in der Orientierungsphase befindest. Oder ist es etwa so, dass du von einem Lehrer zum anderen gehst, weil du insgeheim auf der Flucht bist? Im Zusammensein mit einem Lehrer werden immer wieder schwierige Wegstrecken auftauchen. Es wird Zeiten geben, in denen der Weg eng und steil wird. Es wird Zeiten geben, in denen der Lehrer hart mit deinem Ego umspringt. Genau an solchen Punkten wäre es sehr wichtig nicht davonzulaufen.

Shankara beschreibt die Worte, die ein Schüler anfangs an den Lehrer richtet, auf seine poetische Weise so: »Ich brenne in den Flammen des Weltdickichts, die kein Mensch löschen kann. Böse Taten der Vergangenheit treiben mich wie der Sturm hin und her. Ich bin voller Furcht. In dir suche ich meine Zuflucht. Errette mich vom Tode. Ich weiß keine andere Zufluchtsstätte.«[12]

Die Beziehung

Die Beziehung zwischen Schüler und Meister ist die intimste, die uns Menschen möglich ist. Das hat überhaupt nichts mit sexueller Intimität zu tun. Es ist eine Beziehung jenseits dessen, was wir als zwischenmenschliche Nähe kennen.

Das Wesentliche in der Beziehung von Schüler und Meister ist das Vertrauen. Vertrauen ist ein großes Wort. Und oftmals begegnen uns heute eher Misstrauen und Zweifel, ob bei anderen oder in uns selbst. Das muss man erst einmal so annehmen, um dann darüber hinauszugehen.

Denn vielleicht wird der Lehrer manchmal Dinge sagen, die einem aus dem kleinen Geist und aus dem Ego heraus völlig komisch vorkommen, die einem zuwiderlaufen, auch gelegentlich schmerzen. Eventuell machen sie sogar wütend, stellen alles in Frage, was bisher zählte, oder sie ergeben schlichtweg keinen erkennbaren Sinn. Dann ist Vertrauen wichtig.

12 Shankara: *Das Kleinod der Unterscheidung;* Seite 15

Dieses Vertrauen muss nicht vom ersten Augenblick da sein, niemand kann sich den inneren Befehl geben, jetzt zu vertrauen. Und das wäre auch nicht sinnvoll. Es ist notwendig, am Anfang zu prüfen. Das dauert so lange, wie es eben dauert. Wenn du dann aber an den Punkt kommst, an dem du sagen kannst: Ja, das ist okay, hier will ich mich einlassen, dann solltest du dich auch wirklich einlassen, in Verbindlichkeit und Vertrauen. Dieses Vertrauen hat zu tun mit der unerschütterlichen Freude, die auch ein Kriterium für einen Lehrer ist, wie wir noch genauer sehen werden. Denn Vertrauen wird ja erst dann wichtig, wenn man nicht weiß, was kommt. Solange alle einer Meinung sind, kann man viel von Vertrauen reden.

Manchmal ist einfach nur das Vertrauen nötig, dass da ein Mensch ist, der auf dieser Bergtour den Weg schon kennt. Du kennst ihn nicht, du warst noch nicht oben. Wenn ihr nun am Berg seid und er sagt, du musst den linken Fuß dorthin setzen, dann kommt dir das vielleicht komisch vor – nein, ich will lieber den anderen Fuß nehmen … Aber du weißt, dass er den Weg schon zehnmal gegangen ist. So ist es sinnvoll, ihm zu glauben. Das ist ein ganz praktisches Vertrauen.

Der Satsang-Lehrer ist auch ein Spiegel. Auf Seiten des Meisters erfordert das das Nicht-Vorhandensein eines Ego, einer Person; das Lateinische *persona* heißt übrigens nichts anderes als Maske. Nur die komplette, nachhaltige Auflösung des Ego und aller mit ihm zusammenhängenden Verstrickungen erlaubt klares Spiegeln. Der Meister ist ein Spiegel und eine Tür ins Unbekannte.

Je mehr der Lehrer dein Spiegel wird, umso mehr wird er in seinem leeren Spiegel den leeren Spiegel deines SELBST spiegeln. Solange da jedoch viele Schleier sind, werden sich in dem leeren Spiegel natürlich die Schleier spiegeln. Das nennt man dann Projektion. Es ist auch okay, solange man bereit ist, da genauer hinzuschauen. Und das betrifft ja im Übrigen nicht nur Lehrer-Schüler-

Beziehungen, sondern alle Beziehungen. Du siehst, was in der Welt passiert, etwas, was dich betrifft oder betroffen macht.

Und du kannst dich dann fragen: »Was spiegelt sich mir da eigentlich? Was zeigt mir das über mich?« Dann erkennst du die Spiegelfunktion an. So ist es auch in der Beziehung zum Lehrer. Da spiegelt sich zunächst nicht das ungetrennte Selbst, sondern die Muster und Verknotungen. Und das ist ganz natürlich so.

Die Beziehung zwischen Meister und Schüler ist immer geprägt und getragen von Liebe. In diesem Raum der Liebe ist vieles möglich, was dir vielleicht bisher unmöglich schien. Diese Liebe, die ich als große Liebe bezeichne, ist hier im Sein mit einem Meister oder einer Meisterin besonders deutlich, eben weil der Meister ein leerer Spiegel ist. In anderen Liebesbeziehungen, die du aus deinem Leben kennst, sei es die Beziehung zu deinen Eltern oder zu deinen Partnern, treten immer Verschleierungen auf, die auf Konditionierungen und Anhaftungen beruhen. Das kann von deiner Seite aus auch in die Beziehung zum Meister getragen werden. Erst wenn die Anhaftungen und Verschleierungen verschwunden sind, wird die Liebe klar ersichtlich. Das heißt jedoch nicht, dass der Meister immer sanft oder streichelnd sein muss. Doch selbst wenn er sein Schwert führt, wird dieses Schwert aus dem Raum der Liebe kommen und aus dem Raum der Liebe bestehen.

Tiefstes Vertrauen und in Flammen stehen, die Bereitschaft ins Unbekannte zu springen und Hingabe, das ist auf Seiten des Schülers notwendig. Es ist das Vertrauen in die Authentizität, in die Spiegelfunktion, in die Liebe.

Auf der anderen Seite vertraue ich als Lehrende ja auch auf die Schüler, auch Vertrauen ist nicht nur einseitig. Ich habe stetes Vertrauen in euch – ohne Bedingung. Die Schüler wiederum können meinem Vertrauen vertrauen, sie können dem vertrauen, wohin ich mein Vertrauen gebe.

Worauf sollte man achten?

Sinn und Unsinn von »Gütekriterien«

Die Flut an Angeboten, die »Satsang mit…« heißen, macht auch skeptisch. Wo kommen plötzlich all diese spirituellen Lehrer her, all die Erwachten und Erleuchteten?

Sich auf einen Meister einzulassen, das wurde inzwischen sicher deutlich, erfordert Mut und Entschlossenheit. Und natürlich stellt sich da die Frage, ob es ein Sich-Hingeben an einen wahren Lehrer ist oder ein Sich-Ausliefern an einen Scharlatan. Geduldiges Prüfen ist daher sehr wichtig, wenngleich auch schwierig. Es ist ein sensibler Punkt, auch da wir in unserer Gesellschaft keinen abrufbaren Erfahrungsbackground hierzu haben. Gerade die letzten Jahrzehnte brachten uns eine Haltung des Pluralismus, in dem alles richtig und gültig und gleichwertig zu sein schien, verbunden mit einer neuen Form des Narzissmus. Wir werden darauf noch genauer zu sprechen kommen.

Zunächst einmal glaube ich, dass es auch früher viele Lehrer gab, nur den Namen Satsang gab es bei uns noch nicht. Ich bin sicher, dass es sehr viele weise Priester oder Nonnen gab und auch sonst einfach weise Menschen, die andere belehrten. Man ging zu ihnen, wenn man einen Rat brauchte, wenn man in Gewissensnöten war oder sich auf einen religiösen oder spirituellen Weg begeben hatte und Rat, Spiegelung und Belehrung brauchte.

Heute haben wir Angst, dass wir an den Falschen geraten – wenn wir überhaupt schon die Ängste abgelegt haben, die uns allgemein an der Hingabe hindern. Wir wollen zu Recht nicht ausgenutzt, überfordert, missbraucht oder fehlgeleitet werden. Und all das kann ja auch gerade im spirituellen Bereich sehr gefährlich werden. Scharlatane aber hat es schon immer gegeben, auch in den Geschichten um Buddha tauchen sie immer wieder auf. Und immer gab es gute und weniger gute Lehrer. Oder bleiben wir bei den christlichen Priestern: Auch heute gibt es so und so viele Pfarrer, die eigentlich nichts zu sagen haben und dennoch reden und auf ihre Gemeinde einwirken. Und dann gibt es immer mal wieder einen, der ein Goldkorn ist. Ich halte das alles gar nicht für so neu, es hat nur neue Namen.

Unter all den Satsang-Angeboten ist zweifelsohne auch Fragliches. Wer sind eigentlich die »falschen Meister«? Ich würde sagen, teilweise können sie einfach nicht erkennen, wo sie in Wirklichkeit stehen, teilweise stecken sie selbst in einem Missverständnis. Es gibt Menschen, die ein kurzes Aufblitzen von Wahrheit hatten, einen Geschmack, ein Satori oder ein länger dauerndes Satori, und dann dachten: Das war es jetzt. Sicher gibt es welche, die ein sehr echtes und authentisches Erwachenserlebnis hatten, dann aber aus dieser Bewusstheit wieder herausfielen. Doch sie glauben, sie könnten das jetzt weitergeben, sind aber einfach noch nicht so weit. Gelegentlich gibt es vielleicht sogar bewusste Irreleitung oder Missbrauch.

Es gibt aber auch Menschen, die fälschlicherweise von anderen so genannten Lehrern in die Lehrerposition hineinverführt werden. Dann gibt es wohl Menschen, die überhaupt kein eigenes, authentisches Erfahren haben, die aber aus einem vermeintlichen Verstanden-Haben nur über den Verstand glauben, das lehren zu können, was sie wissen. Und manchmal gibt es Menschen, die sehr wohl in tiefem dauerhaftem Frieden ruhen, aber als Individuum keine Begabung zum Lehren haben.

Was man heute in dieser Menge von Anzeigen und Werbung sieht, sind zum Teil schlichtweg auch Auswüchse. Und zwar sehr ungesunder Art. Es gibt Leute, die schreiben mir und fragen: Du bist doch jetzt gut im Geschäft, sag mir doch, wie du das machst, ich will auch Satsang geben. Das sind Nachahmer, die es leider auch immer wieder gibt. Darauf antworte ich natürlich nicht.

Gesunde Kritik oder vielmehr unterscheidende Weisheit sind hier sehr wichtig. Mich hat eine Stelle bei Padmasambhava zutiefst berührt, wo er schreibt: »In der Zukunft, wenn das dunkle Zeitalter des Niedergangs anbricht, wird es Menschen geben, die Anleitungen zur Meditation geben, ohne diese selbst geübt zu haben. Sie werden behaupten, ihre Lehren würden zur Befreiung führen, haben selbst aber keine Befreiung erlangt.«[13] Bereits vor 1200 Jahren warnt dieser große tibetische Meister also vor scheinheiligen und heuchelnden Lehrern. Dieses Problem ist natürlich nicht neu, Scheinheiligkeit und auch falsche Lehrer gab es zu allen Zeiten.

Das große Kriterium, die große Frage ist also: Ist er oder sie erleuchtet? Das aber macht die Suche nach Kriterien zu einer fast unlösbaren Frage. Unlösbar zumindest mit den Mitteln von Wort und Verstand. Ja, ein Meister sollte erwacht sein. Wie sollte er sonst andere zum Erwachen führen? Wie sollte er sonst ein klarer, leerer Spiegel sein, der all das zeigt, was im Schüler an Schleiern und Unverdautem ist? Der Meister muss selbst ein Niemand geworden sein. Er muss alle Masken abgelegt haben. Er ist Sein, nicht Schein. Meditation, Liebe und Respekt vor allen Wesen, Mitgefühl, das sind die Quellen seines Redens und Handelns. Wie aber soll man das prüfen, wenn man selbst ja erst loszieht, um Schüler zu werden?

In den alten spirituellen Traditionen – man kennt es vor allem aus dem Zen, aber auch aus Tibet – gibt es Methoden und Wege, gewissermaßen zu testen, ob es wirklich das Erwachen ist, was einem Schüler widerfuhr, der nun zum Meister geworden sein könnte. Das Prüfen aber war Sache der Meister und nicht etwa eine Unternehmung anderer Schüler, die sich einen neuen Lehrer suchen wollten. Wer heute in einer solchen Tradition steht, kann solchen Tests nach wie vor unterzogen werden. Unsere modernen Pfade bieten das leider meist nicht. Da-

13 Padmasambhava: *Die geheimen Dakini-Lehren;* Seite 232

bei ist es für die westlichen Sucher mindestens ebenso leicht, all die mystischen, esoterischen oder spirituellen »Zustände« falsch zu interpretieren.

Nur ein Buddha kann einen Buddha erkennen. Das ist eine wesentliche Aussage Oshos. Sie zeigt an, dass der Sucher in einer prekären Situation ist, weil er natürlich einen echten Meister möchte, wenn er sich schon einlassen will. Und gleichzeitig ist der Sucher in der Situation, es nicht wirklich sehen zu können. Denn ich kann ja immer nur das komplett erkennen, was in mir selbst wach ist. Von daher nützen auch solche gut gemeinten Hinweise, man solle nach seinem Gefühl gehen, überhaupt nichts. Oder kannst du frei von Projektionen, Wünschen und Befürchtungen fühlen?

Dennoch sollte man bei sich bleiben. Denn das eigene Selbstvertrauen ist ein entscheidender Faktor. Wer sich selbst nicht vertrauen kann, wird auch im Außen niemanden finden, dem er vertrauen kann. Und noch einmal: Es ist wichtig, anfangs den Meister genau zu betrachten, seine Art, zu leben und auch sein Umfeld! Wenn dann aber Vertrauen gefasst ist, sollte man dabei bleiben und nicht in einer schwierigen Situation – die sicher kommen wird, denn es geht ja um den Tod des Ego – unter dem Vorwand des Prüfens fliehen.

Zur Frage des Meisters und überhaupt zum gesamten weglosen Weg muss ich immer wieder sagen: Sicherheit gibt es nicht. Es ist nicht möglich, eine Liste mit Kriterien zu erstellen, damit in einen Satsang zu kommen und abzuhaken. Und wenn hinter jedem Punkt auf der Liste ein nettes Kreuzchen prangt, dann zu sagen: »Okay. Jetzt beginne ich, diesem Meister zu vertrauen.« Auf diese rationale, geradlinige und auf Sicherheit bedachte Weise wird es nicht funktionieren.

Es gibt so viele Geschichten, vor allem von Zen-Meistern, in denen sie ziemlich verrückt und völlig unlogisch agieren – diese Meister würden auf einer säuberlich angefertigten Liste kaum Punkte bekommen. Da gibt es zum Beispiel die Geschichte von Nansen und der Katze: Meister Nansen musste feststellen, dass sich die Mönche der Osthalle und die der Westhalle um eine Katze stritten. Er rief alle zusammen, holte auch die Katze dazu, hob sie hoch und sagte zu den Mönchen: »Wenn es einer von euch sagen kann, dann kann ich die Katze verschonen. Wenn keiner es sagen kann, dann schneide ich sie entzwei.« Die Mönche sagten nichts und Nansen tötete die Katze. Am Abend kam Joshu, der an diesem Tag unterwegs gewesen war, zurück ins Kloster. Nansen berichtete ihm, was geschehen war. Daraufhin zog Joshu seine Sandalen aus, legte sie sich auf den Kopf und ging hinaus. Und Nansen sagte: »Wenn du hier gewesen wärst, hätte ich die Katze verschonen können.«

Was sicherlich nicht schadet, ist, sich auch darüber bewusst zu sein, dass das Ego den »richtigen« Lehrer gar nicht finden will. Überhaupt und ganz und gar nicht.

Dennoch: Kriterien für einen wirklichen Lehrer

Es ist gut und richtig den Weg und den Bergführer zu prüfen, bevor ich mich ihm anvertraue. Blindes Vertrauen bleibt einfach blind. Diesem Prüfen sind, wie wir gesehen haben, aufgrund der Eingeschränktheit der eigenen Bewusstheit enge Grenzen gesetzt. Aber es gibt ein paar Kriterien. Schauen wir wieder zuerst in der Tradition nach. Die Taoisten sagen, man erkennt einen Meister an Freude, Furchtlosigkeit und Mitgefühl, die unerschütterlich sind.

~ **Freude, die unerschütterlich ist,** das ist für mich eine so frappierende Erfahrung. Dazu braucht es eine schwierige Situation, denn wenn alles gut läuft und wunderbar ist, dann ist man ja sowieso freudig. Aber wenn Zeiten kommen, die eigentlich vermuten lassen, jetzt müsste ich depressiv werden oder pessimistisch oder wütend, dann wird es richtig interessant. Und es wäre aufschlussreich, einen Lehrer oder Meister daraufhin zu beobachten.

Ich selbst habe die Unerschütterlichkeit der Freude vor gar nicht langer Zeit erlebt und auch prüfen dürfen. Mein Mann Nirdoshi und ich, wir haben uns nach vielen, vielen Jahren getrennt und das war nicht einfach. Ich war natürlich sehr traurig, ich habe viel geweint und getrauert. Aber das Erstaunliche war die Erfahrung, dass die große stille Freudigkeit selbst mitten in dieser schmerzlichen Erfahrung völlig unverändert permanent war und ist. Dass es tatsächlich möglich ist, menschliche Empfindungen von Trauer, von Verlassenwerden, von Schmerz vollkommen oder sogar stärker als zuvor zu empfinden, ohne dass diese Freudigkeit sich verliert. Das ist überaus schön.

Diese Freude ist nicht irgend so eine Plastikfreude. Der Ausdruck der Freude kann ein Lächeln sein, muss es aber nicht. Oder besser: Da ist Freudigkeit und gleichzeitig kann da Lächeln sein oder eben nicht. Zum Beispiel beim Dalai-Lama. Ich habe ihn auf Videos auch schon weinen sehen. Aber es ist ganz deutlich spürbar, dass das große innere Lächeln unverändert ist. Er lächelt sehr viel, aber man hat bei ihm nicht das Gefühl, dass er ein »Dauergrinser« ist. Es ist immer echt. Er kann auch von einem Moment auf den anderen sehr traurig werden, sehr intensiv oder ernst. Oder er zieht sein Schwert. Aber das große innere Lächeln verschwindet nicht. Er kann zudem sehr schnell wechseln, er ist sehr flexibel in seinen menschlichen Empfindungen. Das beobachte ich auch: Da zieht eine Wolke von Trauer durch, die ich voll erfahre, und dann ist wieder Sonne oder Regen. Das ist die Empfindung des Moments. Und ich verstricke mich nicht da hinein, wühle nicht in der Empfindung oder ihrer Geschichte. Und unter all dem, in all dem, um all das herum – Freude.

besser: Authentizität, Wahrhaftigkeit (s.u. 65)

Furchtlosigkeit. Furchtlosigkeit hat nichts damit zu tun, dass man nicht erschrickt, wenn man beispielsweise auf der Autobahn eine gefährliche Situation erlebt. Es geht mehr um die psychologische Furcht, die vor allem in der Interaktion mit Menschen zu Tage tritt. Es ist diese Furcht vor Ablehnung, Verlassenheit, Strafe, die die meisten Menschen haben. Sie verstellen sich dann auf alle möglichen Weisen, bewusst oder unbewusst, um zu gefallen, um etwas zu bewirken. Das nennt man auch Manipulation. Ein Lehrer sollte frei davon sein. Das heißt zum Beispiel, dass ein Lehrer auch unangenehme Sachen sagen kann, was man ja im Arbeitsleben oder in der Familie oft scheut, weil man die Reaktionen der anderen fürchtet, sie könnten einen nicht mehr mögen oder nicht (mehr) anerkennen. Einem Lehrer sollte das egal sein.
Es gibt dieses Bild von einem Lehrer, dass er alles kann, alles weiß, dass er überhaupt immer nett und einfach super ist. Und am besten verabreicht er einem dann diesen Zustand von super und alles wissen und alles toll und permanentes Glück als Infusion. Manche »Lehrer« versuchen das tatsächlich hinzukriegen, sie bemühen sich, diesem Bild zu entsprechen. Das ist grotesk. Furchtlosigkeit heißt für mich auch, dazu zu stehen, dass ich nicht alles weiß. Es heißt für mich auch, diesem Bild, das sich Schüler oft machen, nicht zu entsprechen. Eine Anpassung wäre ja fatal. Manche Schüler hätten die Lehrerin gern als Übermama, die immer alles wissen muss, nie einen Fehler machen darf und dem Menschlichen völlig entrückt sein soll. Lasse ich mich darauf ein, bin ich nicht authentisch, und dem Schüler bringt es gar nichts. Er wird sich vielleicht noch lieber an mich kuscheln, aber er wird nicht wachsen können, sondern in einer gefährlichen Abhängigkeit vor sich hin schlummern. Es erfordert tatsächlich Mut, solchen Wünschen und Ansprüchen nicht zu entsprechen, sondern wirklich authentisch zu sein und auch

ehrlich zum eigenen Erfahren und Weiterwachsen zu stehen. Natürlich hat Furchtlosigkeit noch weitere Aspekte, das waren hier nur einige Schlaglichter.

Mitgefühl hat nichts mit Mitleid zu tun, nichts mit Aufopferung, Märtyrertum oder Helfersyndrom. Eigentlich entspringt es der Ungetrenntheit. Wenn ich die erfahre, dann muss einfach Mitgefühl entstehen. Oder umgekehrt: Man hat Mitgefühl entwickelt, man handelt im Mitgefühl und kommt dadurch immer tiefer in die Einsicht. Natürlich gibt es einiges, was dem Mitgefühl widerspricht. Missbrauch zum Beispiel.

Immer wenn ich als Lehrer oder Schüler versuche ein Nest zu schaffen, eine sichere Höhle für mich oder eine Gruppe, dann bin ich nicht im Mitgefühl. Manche versuchen, das Unangenehme draußen zu halten, zu sagen: Das Unangenehme bekommen die anderen, zum Beispiel die Nicht-Satsang-Gänger. Wir hier drinnen, wir schaffen uns ein schönes Satsang-Nest und was draußen in der Welt passiert, geht uns nichts an. Das hat mit Mitgefühl natürlich nichts zu tun.

Umgekehrt aber, wenn ich mich permanent nur damit beschäftige, was gerade wieder in der Welt los ist – »Um Gottes willen, was geschieht jetzt im Irak und was ist mit den Geiseln, haben sie die schon erschossen oder nicht…« –, wenn ich so nervös und flatterig werde, dass ich die Einsicht, die Gelassenheit, die natürliche Freudigkeit und die Fähigkeit verliere, mit anderen klar zu kommunizieren, weil ich den Kopf voll habe mit allen möglichen Schreckensbildern, an denen ich jetzt im Moment sowieso nichts ändern kann – wo wäre da Raum für Mitgefühl? Höchstens ein Eckchen für geheucheltes Mitleid mit den Armen, die da gerade irgendwo leiden.

Unser Mitgefühl entspringt aus unserer eigenen Freude und nährt diese zugleich. Unsere bedingungslose Freudigkeit und Meditation sind so wichtig in beiden Rich-

tungen. Wir können glücklich, still, mitfühlend, ruhig und tätig sein. Osho nannte das »Zorba the Buddha«. Aus diesem Mitgefühl entspringen die Worte und Taten eines Meisters.
Ein Meister tanzt auf Messers Schneide, immer in der Bewusstheit, dass er abstürzen kann. Und die Grate, auf denen wir wandern, werden natürlich immer schmäler. Der Schüler beginnt die Gratwanderung und der Meister wird ihn immer wieder auf den Grat locken und geleiten. Er wird ihn darauf hinweisen: Da kannst du runterfallen und da kannst du auch runterfallen.

Freude, Furchtlosigkeit und Mitgefühl, die unerschütterlich sind, das sind Kriterien, die im Taoismus aufgestellt wurden. Es gibt noch einige weitere Anzeichen für einen Meister, die man untersuchen kann.

~ **Authentizität.** Es gibt den schönen Satz eines Sufi-Meisters: »Meine Demut ist nicht da, um euch zu beeindrucken. Sie ist ganz für sich selbst da.« Authentisch ist ein Lehrer, der in der Stille ruht, der frei von Wünschen, Hoffnungen, Befürchtungen spricht, handelt und ... ja, ist. Bei ihm weisen Rede und alltägliches Leben in die gleiche Richtung. Er hängt sich nicht nur für die zwei Stunden Satsang ein Mäntelchen scheinbarer Heiligkeit um. Sein Sein dort darf keine Rolle sein, die er einnimmt. Und kann es auch gar nicht, wenn er ein Meister ist.

~ **Forderung der Eigenständigkeit.** Bringt er die Schüler auf die eigenen Beine, werden sie stärker und unabhängiger, werden sie frei? Oder ist er nur ein neuer Papa, eine neue Mama, werden die Schüler unselbständig und abhängig? Auch das zu beobachten und richtig einzuschätzen ist nicht einfach. Denn fast alle Schüler gehen durch Phasen der Vater- bzw. Mutterprojektion. Das ist oft sogar notwendig. Es ist für manche Schüler, bei denen die Vater-Mutter-Thematik sehr stark ist und zu großen Anhaftungen führt, deshalb notwendig, auch in der Begegnung mit dem Meister da durchzugehen, damit sie sich der Projektion bewusst werden. Sobald sie sich der Projektion als Projektion bewusst sind, haben sie die Freiheit sie loszulassen. Dann erst werden sie dem Meister direkt begegnen können, ohne ihre eigene Geschichte von Vater oder Mutter dazwischenzustellen.

Wenn die Vater- und Mutterprojektionen abgefallen sind, kann durchaus eine liebevolle und respektvolle Beziehung zum Meister oder der Meisterin als väterliches oder mütterliches Wesen bestehen bleiben. Aber eben frei von alten Geschichten und emotionalen Verwicklungen. In indischen Traditionen beispielsweise nennt man die Meister oft Baba, die Meisterinnen Ma.

~ **Negativ-Kriterium: rosa Wölkchen.** Im Satsang geht es nicht darum, neue kindliche Zustände zu schaffen, in denen man fern der Verstandeskraft nur noch lächelt. Das erfordert Wachheit beim Besucher des Satsang, was wiederum ein Kriterium für einen guten Schüler ist – es geht immer hin und her. Man sollte also genau prüfen: Werden hier Zustände vermittelt oder Situationen geschaffen, in denen ich in einem so einfältig glückseligen Zustand bin wie ein glückliches Kind ... Alles ist okay, Mama ist da, Papa hat alles im Griff ... Oder bin ich herausgefordert, über die Ratio hinauszugehen? Bin ich aufgefordert, in ein sehr klares und auch handlungsfähiges und kritikfähiges Sein einzutreten, in die Leerheit, die aber die ganze Menschlichkeit einschließt? Kein Entfliehen der Welt in einen paradiesischen Zustand. Wir können nicht zurück ins Paradies, sondern wir müssen durch den ganzen Prozess, um ganz woanders zu landen. Ohne überhaupt zu wissen, wo. Es geht sehr wohl darum, glücklich zu sein, aber nicht in einem Rückschritt. Es geht um jenes tiefe unbedingte Glück, das die Inder Ananda – »Glückseligkeit« – nennen und das wie der Duft der Klarheit und Leerheit ist.

Das ist ein wesentliches Kriterium, auch wenn das der Harmoniesucht, Bequemlichkeit und dem Wunsch nach einfach zu erlangendem Glück nicht schmecken mag: Versucht ein Lehrer, seine Schüler in einen unverbindlichen Glückszustand zu bringen, in eine Haltung der völligen Beliebigkeit – dann ist da etwas faul. Ganz einfach, weil ein solcher Glückszustand nicht dauerhaft ist, es nicht sein kann. Es muss die Konfrontation geben, auch mit dieser Realität. Ein Meister wird alles dafür tun, dir zu helfen, selbst zu scheinen, zu brennen, zu leuchten – ob dir das immer angenehm ist oder nicht. Es ist ja deine Freiheit, wie du damit umgehst.

~ **Liebe.** Wenn da keine Liebe ist, dann ist der Meister kein Meister – egal in welcher Tradition er steht oder welche Methoden er verwendet oder wie liebevoll er nach außen erscheinen mag. Und wenn da Liebe ist, dann steht genau diese Liebe hinter jeder Handlung und jedem Wort – egal wie es dem Schüler erscheinen mag. Liebe heißt dabei nicht bloße Sanftheit, heißt nicht Abnehmen von Arbeit oder Verantwortung, und heißt natürlich auch nicht, dass sie irgendeinen sexuellen Ausdruck findet. Es ist eine Liebe, die weit über das hinausgeht, was wir landläufig als Liebe bezeichnen. Es ist die große Liebe. Eine Episode aus der Beziehung des indischen Meisters Swami Brahmananda mag das illustrieren: Sein Schüler Swami Prabhavananda, später ebenfalls ein großer Meister, konnte es eines Tages nicht mehr ertragen, stets so streng von seinem Meister zurechtgewiesen zu werden. Er fasste den Entschluss, aus dem Kloster zu fliehen und sich für immer zu verbergen. Ein letztes Mal suchte er seinen Meister auf, um sich vor ihm zu verbeugen und dann heimlich zu verschwinden. Doch Swami Brahmananda forderte ihn auf, sich zu setzen. Er hielt ihm wieder lange, harte Vorhaltungen und schalt ihn für all seine Fehler. Dann sagte er plötzlich in einem weichen Tonfall: »Glaubst du wirklich, du könntest vor mir weglaufen?« Der Schüler berichtete später, dass er sich niemals zuvor so sehr der Liebe und des Schutzes seines Meisters bewusst war. Er dachte nicht mehr daran zu gehen, als Swami Brahmananda zum Abschluss sagte: »Unsere Liebe ist zu groß, als dass wir euch darum wissen lassen könnten.«

~ **Sangha,** die Gemeinschaft der Schüler. Auch hier zeigt sich die Art des Lehrers. Zumindest ist sie ansatzweise zu erkennen. Schau dir also die Schüler an. Wenn die Schüler arrogant sind, ist es der Lehrer wahrscheinlich auch. Es heißt ja nicht umsonst: »Wie der Herr, so 's Gscherr.« Es ist nicht nur der Meister, in dem sich die Sangha spiegelt, in dem man sich selbst sehen kann, sondern auch die Schüler spiegeln. Sind die Schüler warmherzig und liebevoll? Sind sie fröhlich, ehrlich und gerade? Sind es Dampfplauderer oder Mind-Fucker? Sind sie still oder laut? Wie verhalten sich die Alteingesessenen, wenn jemand neu hinzukommt? Schön wäre es, wenn die Gemeinschaft ihn tragen würde. Das heißt nicht, dass er dauernd zum Essen eingeladen wird. Aber energetisch wird eine wirkliche Sangha jeden Einzelnen unterstützen.

Das waren ein paar Kriterien, mit aller Vorsicht formuliert. Denn auf dem weglosen Weg ist so manches nicht das, was es zu sein scheint, solange wir durch viele, viele, dicke und dünne, bunte und graue Schleier blicken. Diese Kriterien sind im Übrigen nicht nur dazu da, den Lehrer zu prüfen. Es sind zugleich auch die Punkte, an denen dir ein Lehrer zum Vorbild wird; du kannst dich selbst daraufhin prüfen und beginnen, all dies in deinem Leben umzusetzen.

Wie ist das nun eigentlich bei Pyar? Seit gut sechs Jahren gebe ich Satsang und es sind inzwischen viele Menschen da, die sich als meine Schüler betrachten. Und ich bin immer wieder von Neuem bereit als Meisterin zur Verfügung zu stehen. Es ist für mich dabei essenziell, ständig zu überprüfen, ob Handeln und Sprechen aus dem unendlichen Raum der Stille und der Liebe heraus geschehen, oder ob sich irgendeine Gier, irgendein Machtstreben oder irgendeine sonstige Anhaftung einschleichen. Und sollte es jemals so sein, bin ich immer bereit, allem was auftauchen mag in Offenheit zu begegnen. Denn Sicherheit gibt es nicht, solange wir in einem Körper leben. Ich bin offen und ungeschützt in allen Begegnungen. Der Frieden ist unerschütterlich und doch betrachte ich mich nicht als fertig, denn es gibt kein Ziel und kein Ende in der Unendlichkeit des Raumes.

Der Meister ist letztlich nur ein Vorwand für den Schüler in Vertrauen und Hingabe zu sein. Es geht niemals wirklich um Hingabe an den Lehrer, sondern es geht nur um Hingabe an das Göttliche selbst. Ein wirklicher Lehrer wird dir sagen, dass er dir eigentlich gar nichts geben kann, da alles, was von wahrem Wert ist, bereits in dir ist. Und dennoch gibt dir seine Präsenz Stille, Weisheit und Verstehen. Gleichzeitig kann er auch wild oder herausfordernd sein, denn schließlich geht es um das Sterben des Ego. Und er wird dich auffordern, mit allen Fasern deines Wesens zu verstehen.

Der Lehrende als große Kostbarkeit

Nicht jeder, der erwacht ist, ist zugleich und automatisch auch ein Lehrer. Es gibt Menschen, die sehr authentisch und spürbar in der Wahrheit sind, und das auch mehr oder weniger konstant. Aber sie haben einfach nicht die Fähigkeit zu lehren. Es fehlt ihnen nicht die Erleuchtung, aber sie sind in ihrer Individualität keine Lehrer. Osho hat gesagt, von hundert Menschen, die erwachen, überlebt nur einer, denn die meisten erfahren es sowieso erst im Sterben. Und von hundert überlebenden Erwachten ist nur einer ein Lehrer. Die Möglichkeit, zu einem solchen Meister in den Satsang zu gehen, ist also eine unschätzbar große Kostbarkeit.

Dazu kommt, dass nicht jeder gleich die Bereitschaft zum Lehren hat. Dem Erwachten fehlt ja nichts, da ist kein Drang, kein Wollen, keinerlei Bedürfnis. So saß beispielsweise Ramana jahrelang in seiner Höhle, tief in der Stille, nicht daran interessiert, Schüler um sich zu versammeln. Aber die Schüler haben ihn bedrängt und um Unterweisung gebeten, bis er dem nachgegeben hat.

Buddha selbst wollte nicht lehren, so erzählt es die Überlieferung. Einige Tage nach seinem Erwachen entstand in seinem Geist ein Gedanke: ›Die Lehre ist tief, schwierig zu verstehen, mit bloßem logischem Denken nicht zu erfassen, sie ist nur den Weisen zugänglich. Die Menschen finden Gefallen am Begehren und lösen dadurch immer wieder neue Umdrehungen des Lebensrades aus. Für sie wird die Lehre kaum verständlich sein: der kausale Zusammenhang durch das bedingte Entstehen, die Beruhigung aller Aktivitäten, die Auslöschung des Durstes, die Leidenschaftslosigkeit, das völlige Erlöschen. Es wird keinen Sinn haben, diese Lehre zu verkünden. Es würde für mich nur erschöpfend und anstrengend sein.‹

Und so beschloss Buddha, nicht aktiv zu werden und das, was er erkannt hatte, nicht weiterzugeben. Der Gott Brahma Sahampati, der »oberste Herr über viele Tausende von Welten«, aber wusste, dass die Welt zugrunde gehen würde, wenn Buddha nicht lehren würde. Er erschien vor dem Erhabenen und versuchte ihn zu überzeugen, dass es Menschen geben würde, die die Lehre verstehen könnten. Doch Buddha ließ sich nicht so leicht überreden. Er sagte, wenn es diese Menschen wirklich gibt, dann bedürften sie seiner Belehrung nicht.

Brahma konnte nichts erreichen und rief schließlich weitere Götter um Hilfe an. So bemühte sich auch Indra, den Erwachten dazu zu bewegen, seine Lehre zu verkünden. Die Götter betonten, dass es für die Menschen, die für die Wahrheit offen sind, eine solch kostbare Seltenheit ist, mit einem Mann wie Buddha zusammenzukommen. Und jetzt sei ein solcher Augenblick möglich, den man nicht ungenutzt vorübergehen lassen dürfe. Brahma Sahampati sagte: »Es gibt Lebewesen, die von Natur aus wenig Staub auf den Augen haben, wenn sie die Lehre nicht hören, gehen sie wieder abwärts.«

Auf das Flehen von Brahma und Indra und aufgrund des Mitleids mit den Wesen betrachtete Buddha schließlich die Welt und sah, dass es tatsächlich Menschen mit wenig Staub und Menschen mit sehr viel Staub auf den Augen gab. Menschen mit guten und Menschen mit schlechten Veranlagungen, welche, die den Belehrungen gut zugänglich, und andere, die den Belehrungen schlecht zugänglich waren. Er sah, dass es einige wenige gab, die sich der Gefahren einer bloßen Vertröstung auf eine andere Welt bewusst waren. So entschloss sich Buddha, seine Lehre weiterzugeben. Und Brahma Sahampati und Indra verbeugten sich erleichtert vor ihm.

Der Schüler

Wer geht zum Satsang?

Zum Satsang versammeln sich Menschen, so vielfältig und bunt wie das Leben selbst. Viele brauchten lange, bis sie sich endlich hingetraut haben. Manche gingen vielleicht mit einer Freundin mit, mit dem Partner. Andere fühlten sich wie hingetrieben, ohne recht zu wissen, warum. Einige schnuppern mal hinein und verschwinden dann eilig auf Nimmerwiedersehen. Bei anderen macht es sofort klick und sie lassen sich immer tiefer ein. Manche haben schon einige Lehrer abgeklappert, sie suchen weiter oder bleiben irgendwann. Manche gehen ganz sacht tiefer und tiefer.

Zum Satsang kommen Alte und Junge, sehr oft sind Kinder da. Es kommen Frauen und Männer, Leute unterschiedlicher Bildungsschichten und Berufsgruppen. Manchmal sind auch Hunde da. Es gibt keine Begrenzungen.

Bei Kindern sind die Mütter oder Väter natürlich aufgefordert, darauf zu achten, dass die anderen nicht gestört werden, falls ein Kind mal laut wird. Ich weiß gar nicht, wie das andere Lehrer machen, bei mir sind auch Kinder dabei. Wir haben einmal versucht, extra eine Kinderbetreuung einzurichten. Die Kinder hatten damals einen eigenen Raum und jemanden zur Betreuung, eine Frau, die dafür auch wirklich sehr gut geeignet war. Aber die Kinder sind ihr immer abgehauen, sie wollten mit in den Satsang.

Es sind Kinder dabei, die mich immer wieder erstaunen. Sie sitzen zwei Stunden lang da und hören zu. Manche stellen auch Fragen, gerade die Fünf- bis Achtjährigen – das ist wunderschön. Manche Kinder malen auch derweil und sind ganz versunken in der Atmosphäre. Ein Mädchen kam zum Satsang mit Pyar das erste Mal mit drei, sie kommt nun seit mindestens zwei Jahren. Wir hatten eine lange Phase der scheuen Annäherung, da durfte ich sie immer nur durch die gespreizten Finger hindurch angucken. Dem Kind selbst ist es ganz wichtig zu kommen, es ist nicht so, dass die Mutter sie mitbringt. Manchmal ist es umgekehrt so, dass die Kinder unbedingt zum Satsang wollen und die Eltern mitmüssen.

Was muss man mitbringen, gibt es Voraussetzungen?

Um zu einem Satsang zu kommen, brauchst du keine äußeren Voraussetzungen. Du musst nicht stark sein oder besonders gescheit, musst kein Studium absolviert haben. Manchmal fragen mich die Leute wirklich danach – ich benutze relativ viele Fremdworte, weil wir auch mit alten Texten arbeiten und für viele, die länger dabei sind, bestimmte Begriffe schon klar sind –, und dann höre ich von manchen, es sei so schwierig, sie würden nicht mitkommen. Das aber kommt schon, das ist überhaupt keine Schwierigkeit, die jemanden vom Satsang abhalten sollte. Es geht ja gerade nicht um irgendeine Form von Leistung oder intellektuellem Wissen.

Es gibt also keinerlei Bildungsvoraussetzungen und du musst auch nicht schon sechs Jahre meditiert haben, du musst nicht einmal wissen, wie das geht. Dafür ist der Einladende ja Lehrer. Einzig wichtig ist, sich darauf dann auch einzulassen.

Du kommst also erst einmal schlicht so, wie du bist. Wie auch sonst? Da dürfen alle Ecken und Kanten sein, Selbstbezogenheit, Trips und Konditionierung – und die

Bereitschaft das auch offen zu legen, nackt zu sein, mitsamt dem Ego. Das muss natürlich auch nicht am ersten Tag passieren. Es muss eine grundsätzliche Sehnsucht da sein, frei zu sein. Und diese grundsätzliche Sehnsucht frei zu sein ist in jedem Menschen. Wenn du zudem die Bereitschaft in dir wahrnimmst, zuzuhören, wunderbar.

Die grundlegenden Gedanken

Es gibt in der buddhistischen Tradition Tibets die vier grundlegenden Gedanken. Wahrscheinlich wird sich kein Mensch ernsthaft auf den Weg machen, wenn er diese vier nicht durchdacht hat. Ob er sie nun so formuliert wie wir hier oder anders. So wird sicherlich auch jeder, der sich zum Satsang hingezogen fühlt, ein klares Echo auf diese Gedanken in sich finden:

~ die Kostbarkeit der menschlichen Geburt, ja der Existenz überhaupt
~ die Realität des Todes und der Vergänglichkeit
~ das Gesetz von Karma, Ursache und Wirkung
~ die Leidhaftigkeit in Samsara, in dieser Welt der Phänomene

Die Kostbarkeit der menschlichen Geburt

»Schwer ist es für ein Geschöpf, die Geburt in menschlicher Gestalt zu erlangen.« Das schrieb Shankara zu Beginn des 9. Jahrhunderts. Auf dem Wissen um die Kostbarkeit der menschlichen Geburt baut alles Weitere auf. Denn aus dem Wissen um die wundervollen Möglichkeiten, die nur diesem Geschöpf gegeben sind, entsteht eine tiefe Berührtheit, eine Dringlichkeit, eine Entschlossenheit, die Chance zu nutzen.

Und – dem eilig zur Tat schreitenden Mitteleuropäer sei auch das gleich gesagt – es ist auch eine Entschlossenheit in der Geduld.

Diese Kostbarkeit lässt sich ausweiten auf die Kostbarkeit des Ganzen. All dieses Wunderbare, die Vögel, die Schmetterlinge, der Sonnenaufgang, die Sterne, der Gesang, die Ameisen … eine solche Vielfalt an Kostbarem! Und zwischen all diesem ist wieder so viel Kostbarkeit, *zwischen* den Schmetterlingen, Elefanten und Buchenblättern. Woraus ist es gemacht, wo kommt es her, wo geht es hin, was durchdringt es – was ist seine eigentliche Essenz? Es ist unendlich kostbar und kann uns eigentlich nur in Respekt und Dankbarkeit staunen lassen. Es ist die Kostbarkeit der Vielheit, die in der Kostbarkeit der Einheit aufscheint, und umgekehrt.

Die Realität des Todes und der Vergänglichkeit

»Alle werden alt, nur ich nicht. Alle sterben, nur ich nicht.« So sitzt das in vielen Köpfen. Und dann, Mitte dreißig, der Badezimmerspiegel wirft dir Falten entgegen! Mit der entsprechenden Creme ließe sich nun der offensichtliche Verfall noch etwas hinauszögern … und doch: Die Realität der Vergänglichkeit hat dich eingeholt. Einmal mehr. Und statt ihr immer wieder auszuweichen und die Creme in immer dickeren Schichten aufzutragen, lohnt es sich, die Realität anzunehmen. Weder Hoffnung noch Angst haben einen Sinn. Beide versuchen der Realität, dem, was ist, zu entkommen. Sie werden es nicht verändern können. Aber sie lassen dich in einem ewigen Kreislauf rastlos umherjagen.

Alles, was entstanden ist, wird wieder vergehen. Jede Ameise, jeder Baum, jede Gesellschaft, jeder Kontinent, jeder Planet … jeder Gedanke, jede Theorie, jede Idee … jeder Mensch. Wer wirklich um die Vergänglichkeit und um seine Sterblichkeit weiß, der kann nichts mehr verbergen. Er wird nicht mehr dem wahnwitzigen Versuch unterliegen, irgendetwas – Körper, Besitz, Ideen, Wissen – hinüberretten zu wollen. So können aus der Einsicht in die Endlichkeit Offenheit und Großzügigkeit, aber auch Entschlossenheit und Dringlichkeit entstehen. Denn wenn es nicht um Körper, Besitz, Ideen und Wissen geht, dann gilt es das zu entdecken, worum es geht.

Das Gesetz von Karma

Was wir heute säen, wird morgen Früchte zeigen. Was wir heute erleben, ist die Frucht dessen, was wir gestern taten. Das einfache Gesetz von Ursache und Wirkung. Was auch immer wir tun, hat Folgen. Selbst wenn wir nichts tun, wird das Folgen haben. Was immer also in deinem Leben ist, muss die Auswirkung von etwas Früherem sein, ob es in den letzten zehn Minuten geschah oder lange zuvor. Dies zu erkennen und überdies zu begreifen, dass sich diese Kausalität nicht nur auf uns, sondern immer auf das Ganze erstreckt, lässt eigentlich nur eine Konsequenz zu: die Frucht, die vergangenen Samen entspringt, nicht abzulehnen, sondern zu essen. Und jetzt gute Samen säen! Hass, Gier, Zorn, Eifersucht und Neid bringen immer wieder nur Hass, Gier, Zorn, Eifersucht und Neid hervor. Wenn wir unser Sein und Leben hingegen an Wahrheit, Gott, Zuwendung, Liebe, Gewahrsein, Großzügigkeit, Stillsein und Mut ausrichten, dann werden die Blüten und Früchte dementsprechend sein. Für uns und für das Ganze.

Die Leidhaftigkeit

Die erste der vier Edlen Wahrheiten, der Grundlehre Buddhas, lautet: Leben ist Leiden. Keine schöne Aussicht! Was dir für Bürgerkriegsgebiete und von der Dürre heimgesuchte Regionen einleuchten mag, lässt sich in unserem Land immer wieder so leicht wegschieben. Wie einfach ist es, in Wohlfühltrancen stecken zu bleiben! Unsere moderne Lebensweise ermöglicht es sehr vielen, sich gut zu fühlen. Du hast ein gemütliches Zuhause, einen Partner oder eine Familie, vielleicht bist du als Single unter vielen anderen Singles glücklich. Du gehst zur Arbeit, bekommst da mehr oder weniger Bestätigung, am Wochenende ist Skifahren angesagt oder ein gemütliches Picknick am Badesee. Wenn es mal zwickt, gibt es Aspirin, wenn trübe Gedanken kommen, gibt es lustige Fernsehprogramme oder einen Tratsch mit den jederzeit per Handy erreichbaren Freunden. Und denen geht es ja ähnlich, wie tröstlich. Du bist also ganz normal und überhaupt mit den kleinen Dingen zufrieden. Soll das Leiden sein?

Manchmal bist du auch richtig glücklich, könntest schweben und tanzen, weil so schönes Wetter ist, weil es im Beruf gut läuft oder mit dem Freund. Oder du träumst vom letzten Sommer und den süßen Nächten mit ihm, im Zelt am See. Und dann magst du erst recht nicht an Buddhas erste Edle Wahrheit denken. Dieser Spielverderber!

Doch sie bleibt wahr, denn deine Glücksphase wird vergehen, es regnet, der Freund lernt eine andere Frau kennen oder nörgelt nur noch herum, der Chef gibt dir ein neues langweiliges Aufgabenfeld oder dir läuft einfach eine dicke Laus über die Leber. Was bleibt ist ein Kater, die Enttäuschung, das Gefühl, jetzt wieder im Tal zu sein. Dann wird der Verstand zur Bestform auflaufen und sich Möglichkeiten ausmalen, wann es wie und wodurch bald wieder besser sein wird. Und diesmal richtig gut.

Solange man die Leidhaftigkeit des Lebens nicht akzeptiert, wird man unzählige Runden in dieser Berg- und Talbahn absolvieren, immer hin- und hergeworfen zwischen Hoffnung und Angst. Und in jedem Leben gibt es Krankheit, Alter und Tod als unausweichliche leidhafte Erfahrung.

Diese vier grundlegenden Gedanken sind erschütternd. Im allerbesten Sinne. Ihnen kann nichts standhalten, was nicht wahr ist. Ich habe sie gleich nach dem Thema Voraussetzungen genannt, und zwar ganz ausdrücklich nicht, weil die tiefe und erschöpfende Kontemplation zu diesen Gedanken vollendet sein sollte, *bevor* jemand zum Satsang kommt. Das nicht. Aber sie geben dir einen Vorgeschmack auf das, worum es im Satsang geht. Und zugleich eine Möglichkeit, dich selbst, die Tiefe der Bewusstheit eines Menschen zu erleben, den es zum Satsang – oder zunächst zu einem Buch über Satsang – zieht. Diese vier grundlegenden Gedanken in sich aufzunehmen, das ist die beste Anfangsmotivation. Und dabei geht es überhaupt nicht darum, das Leben wegzuwerfen, es zu vermeiden. Nein, diese ganze schöne Kostbarkeit will erfahren werden. Aus dem Erleben dieser Schätze, aus der Lebendigkeit des Lebens erwächst weitere Motivation, Mitgefühl, Achtsamkeit und Weisheit zu entwickeln. Und weißt du was? In meinem Erfahren ist das Leben mit all seinen Seiten um so viel schöner und freudiger im Bewusstsein dieser vier Gedanken. Jeder Moment ist eine Kostbarkeit und Freude, jeder Tag ein Tanz – egal ob die Sonne scheint oder ob es regnet.

Worauf lässt man sich da ein?

Viele Menschen sind leicht verführt anzunehmen, dass es eine Gebrauchsanweisung, einen genauen Fahrplan, eine Landkarte, eine detaillierte Handlungsanweisung gäbe, die uns unweigerlich zur Erleuchtung führen. Da muss ich dich enttäuschen – so etwas gibt es nicht und auch der Satsang liefert es garantiert nicht. Wie sollte so etwas auch aussehen? Jeder Weg ist einzigartig und es gibt deinen Weg nicht, wenn er nicht von dir gegangen wird. Wie sollte er auf einer Karte eingezeichnet werden? Zudem: Wenn ich oder ein anderer Satsang-Lehrer eine genaue Handlungsanweisung vorgeben würden – mal abgesehen davon, dass das nicht möglich ist –, dann würdest du ja nicht frei und selbständig handeln, sondern tun, was gesagt wurde. Wie soll das in die Freiheit führen? Wer so denkt, rauscht am Wesentlichen vorbei. Denn es geht genau darum, jegliche Sicherheit, jegliche Haltegriffe, alle Arten von Konzepten hinter sich zu lassen. Es geht um ein

Sich-Öffnen und Öffnen und Öffnen. Dennoch wird der Lehrer dir öfter Anweisungen geben, wird dich herausfordern oder dir »Medizin« im Sinne von Methode verordnen oder dich zu grundlegenden Änderungen im Leben oder in der inneren Haltung auffordern.

So gehst du also zum Satsang, weil du Glück suchst, lässt dich dann aber darauf ein, dich erst einmal der Leidhaftigkeit zu stellen. Sich das bewusst zu machen, ist ganz wesentlich, denn dann kann Satsang nicht so leicht zu einer Droge werden, die man sich immer wieder einverleibt, sondern wird zum Weg, den man geht. Die erste Wahrheit im Buddhismus ist: Leben ist Leiden. Jeder versucht dem auszuweichen und sich darum herumzumogeln. Wenn man dem aber wirklich *endgültig* entkommen will, ist man im Satsang genau richtig. Ein guter Lehrer wird immer sagen: Stopp, Leben ist Leiden und dem musst du dich stellen, wie willst du sonst zur unerschütterlichen Freude kommen? So paradox das erst einmal klingen mag.

Der ersten Wahrheit folgt ja auch gleich die zweite, die Edle Wahrheit vom Ursprung des Leidens, nämlich Gier, Hass und Unwissenheit, also Wollen, Nicht-Wollen und Nicht-Erkennen. Die dritte Wahrheit spricht von der Aufhebung des Leidens, die letztlich darin liegt, Gier, Hass und Unwissenheit vollständig abzulegen. Den Weg dazu zeigt Buddha dann in der vierten Edlen Wahrheit: dem achtfachen Pfad der rechten Sicht, der rechten Haltung, der rechten Rede, des rechten Handelns, der rechten Lebensführung, des rechten Bemühens, der rechten Sammlung und des rechten Sich-Versenkens.

Ganz viele Menschen, und da bin ich immer wieder erstaunt, haben Schwierigkeiten mit dieser ersten Wahrheit. Es reicht auch nicht, sich die Leidhaftigkeit *einmal* klar zu machen. Immer wieder auch im Prozess oder auf dem Weg, immer wieder auf eine neue Art wird man sich dem stellen müssen. Und dann wird man sagen: Ja klar, Leiden hat eine Ursache, und zwar Gier, Hass und Ignoranz. Und es gibt ein Ende des Leidens. Nicht ein Ende von Schmerz und auch nicht ein Ende von Traurigkeit oder von unangenehmen Dingen, aber ein Ende von Leiden. Es gibt einen Weg dahin, wie eben Buddha ihn in den vier Wahrheiten aufzeigt. Dieser aber erfordert hundertprozentige Bereitschaft.

Worauf man sich im Satsang einlässt, hängt vor allem von der Tiefe der eigenen Bereitschaft ab, sich einzulassen – auf die Stille, auf die Wahrheit, auf den Lehrer. Wir hatten von der Kostbarkeit des Lehrers gesprochen, sich dieser bewusst zu sein, hilft sehr dabei. Es erhöht die Dringlichkeit, das Gefühl, eine Verantwortung dafür zu tragen, die große Chance zu nutzen. In vielen Traditionen ist es alles andere als einfach, auch nur einen Blick des Meisters zu erhaschen. Da sitzt man erst einmal vor der Tür, es ist Winter, es schneit, es ist kalt, man wartet. Es kann Tage dauern, bis er überhaupt erst einmal die Tür aufmacht. In der Tradition von Meistern muss man große Bereitschaft mitbringen. Und man muss auch zeigen, dass man tatsächlich alles riskiert und investiert. Es wird geprüft, ob jemand nur davon spricht, hundertprozentig zu wollen, oder ob er es wirklich an die erste Stelle in seinem Leben setzt.

Es gibt da eine Geschichte um Bodhidharma: Er setzte sich eines Tages vor eine Wand und drehte sich nicht mehr um, jahrelang – diese Kerle sind ja von einer unfassbaren Sturheit. »Ich drehe mich erst um, wenn mein Nachfolger kommt«, sagte er. Er wurde nun langsam alt und einen Nachfolger zu finden, wurde immer dringlicher. Dieser Schüler musste ja auch noch von seinem Meister unterrichtet werden. Viele Schüler kamen im Glauben, sie seien der Gesuchte. Sie baten ihn sich umzudrehen, aber ohne Erfolg. Irgendwann kam wieder einer, der auch sagte: »Bodhidharma, bitte dreh dich um, ich bin es.« Aber er drehte sich nicht um. Der Schüler setzte sich draußen hin, tagelang. Dann ging er wieder zu Bodhidharma, nahm ein Beil und hackte sich die Hand ab. Dann sagte er: »Bodhidharma, dreh dich um! Wenn du dich jetzt nicht umdrehst, hack ich mir den Kopf ab.« Und Bodhidharma drehte sich um. Und dieser Schüler wurde wirklich sein Nachfolger.

Das ist die Qualität, die auf dem weglosen Weg gefordert ist. Und gleichzeitig ist es ein Willkommen an alle. Ich glaube schon, dass diese Qualität, diese absolute Entschiedenheit in jedem schlummert, mehr oder weniger tief verschüttet. So eine Geschichte berührt ja etwas, du erschrickst, bekommst so ein Leuchten in den Augen. Weil es in dir schlummert. Dann bekommt man so ein Gefühl, manchmal fast wie eine sexuelle Erregung. Wenn man aber bei diesem Gefühl stehen bleibt, bringt es nichts. Die Frage lautet: Wo ist diese Radikalität in meinem Leben tatsächlich? Wo ist diese Qualität wirklich? Oder rede ich nur davon und wenn es hart auf hart kommt, dann stehle ich mich davon?

Nicht nur Meister der fernen Vergangenheit prüfen ihre Schüler. Ein Freund hat mir davon erzählt, wie er Sannyas nehmen, also Schüler von Osho werden wollte. Die Frau, die die Anträge bearbeitete, sah ihn an und sagte: »Nee, so nicht. Diese energy, nee. Du machst erst mal vier Monate Dynamische Meditation. Dann kannst du wiederkommen. Du darfst natürlich keinen Tag auslassen, immer wenn du einen Tag auslässt, musst du von vorn anfangen.« Wer die Dynamische Meditation nicht kennt, dem sei gesagt, dass es vielen davor graust, sie nur an drei aufeinander folgenden Tagen machen zu müssen. Andere wiederum haben sie lieben gelernt. Und dieser Freund murrte und darauf sagte sie: »Okay, wir können die Zeit auch verdoppeln.« Er fand das alles ganz schrecklich. Aber er machte es, hielt durch und es stellte sich als ein großer Segen für ihn heraus.

Es ist für mich – und sicher für die meisten anderen Lehrer auch – schon wieder eine Gratwanderung. Einerseits ist da ein großes Willkommen für jeden, der zum Satsang kommen will. Das praktiziere ich auch, ich habe noch nie jemanden abgewiesen oder weggeschickt, der dazukommen wollte. Doch gleichzeitig ist dieses Feuer in mir, ich möchte die feurigen Menschen, die uneingeschränkt bereit sind, wirklich an die Wurzel zu gehen.

In dieser Hinsicht ist es von Vorteil, in einer alten Tradition zu stehen und im Kontext einer Tradition zu lehren. Wir sind ja heute oft in so einem Dunst von: Alles ist möglich. Ach, man könnte vielleicht … oder doch den anderen Weg … Wenn jemand hört, er solle zur Vorbereitung 100 000 Niederwerfungen machen, wie in der tibetischen Tradition, dann lacht er ja zunächst über diese Zahl. Nicht weil er es böse oder spöttisch meint. Nein, er geht einfach gar nicht davon aus, dass eine solche Zahl, eine solche Forderung ernst gemeint sein könnte.

Aber sie ist ernst gemeint, zumindest im Tibetischen Buddhismus. Dort gehört das Ausführen bestimmter Praktiken oftmals zu den Anforderungen – 100 000 Niederwerfungen, 100 000 100-Silben-Mantras, 100 000 Mandala-Opferungen. Da bist du eine Weile beschäftigt.

Es ist gut, einfach den Geschmack davon zu haben, wie es ist, sich wirklich völlig hineinzubegeben. Auch für bestimmte mehrjährige Retreats, beispielsweise bei Sogyal Rinpoche, sind solche Praktiken als Vorbereitung gefordert. Das heißt, dass es schon in den Jahren vorher beginnt, mit zwei oder drei Jahren kann man da rechnen. Man wird jeden Tag drei oder vier Stunden dafür verwenden müssen.

Das hat einen wundervollen Effekt: Automatisch wird sich die Hinwendung zur Buddha-Natur und zum Weg in den Mittelpunkt stellen. Das ist dann so ein riesiger Klotz im Leben, dass sich alles andere nur noch drumherum sortieren kann.

Das mag jetzt alles etwas drastisch klingen. Vielleicht sogar abschreckend. Wenn es aber darum geht anzusprechen, worauf man sich einlässt, wenn man einen Geschmack von Satsang bekommen hat und weitergehen will, dann führt es unweigerlich auf einen schmaler werdenden Grat. Das Leben bekommt eine völlig andere Ausrichtung. Die Freiheit und die unerschütterliche Freude winken dem, der sie wirklich erlangen will. Hundertprozentig, unbedingt und mit Geduld.

Was auf dem Weg liegen wird, welche Wonnen und welche Schmerzen, das ist nicht bekannt. Es geht immer ins Unbekannte. Es geht um Loslassen und Loslassen und Loslassen. Du wirst stiller und stiller und verlierst dabei alles, bis du dich selbst verlierst, dich als Person. Und dann ist der Raum bereitet für das Göttliche. Nur das Göttliche bleibt. Und selbst dann geht die Reise weiter.

Muss man etwas tun?

Im Satsang selbst muss man von außen betrachtet nichts tun. Niemand muss sich da vorstellen, keiner muss vor der versammelten Gruppe etwas zum Besten geben, keiner ist gezwungen Fragen zu stellen. Bei den meisten Lehrern gibt es auch keine Rituale, in die die Besucher und Schüler in irgendeiner Weise eingebunden wären. Von dieser Seite des Tuns her ist also für eher schüchterne Gäste Entspannung angesagt.

Auf der anderen Seite geht es allerdings schon darum, etwas zu tun, allerdings ohne Erwartungen, ohne Hoffen auf irgendein Ergebnis. Um wirklich nicht nur einer Veranstaltung beizuwohnen, die Satsang heißt, sondern irgendwann wirklich in Satsang zu sein, muss man sich einlassen, innerlich etwas ändern, sich schälen. Wenn jemand sagt, du musst gar nichts tun, alles ist okay und alles Nötige geschieht von allein, dann ist das nur eine Hälfte der Wahrheit.

Während des Satsang sollte man vor allem wach bleiben. Und damit meine ich nicht, dass man nicht einschlafen und die anderen durch Schnarchgeräusche stören sollte, sondern eine Form der inneren Wachheit. Es ist die Präsenz, die Achtsamkeit, die absolute Ausrichtung auf das Hier und Jetzt.

Es kann sein, dass dir der Lehrer oder die Lehrerin schöne Sachen sagt, etwas, das dich erleichtert. Vielleicht hattest du Streit, fühlst dich nun schlecht, und dann hörst du: Es ist okay zu streiten. Oder du merkst: »Wow, bei diesem Thema hat sich ja bei mir richtig was verändert. Ich mache Fortschritte!« Dann genießt du das Gefühl, bist dankbar, oder vielleicht auch ein bisschen stolz, auf jeden Fall froh ... und wusch! ... Magendrücken. Was ist passiert? Worum ging es jetzt gerade? Könnten das die letzten Worte von da vorn gewesen sein, die mir so ein Gefühl geben, ertappt worden zu sein? Es ging darum, dass eine hundertprozentige Ausrichtung auf den Weg nötig ist, während ich in meiner Fortschrittsfreude schwelgte. Oder ist es, weil die Worte Neid und Missgunst fielen, die mir sehr bekannt vorkommen? Oder ist es, weil ich einfach wieder einmal von dem Glauben gefangen genommen wurde, doch noch jemand völlig anderer werden zu müssen, bevor ich richtig sein darf?

Das alles ist gut, wenn du nicht dabei stehen bleibst, wenn du den Satsang-Lehrer als Spiegel begreifen lernst. Vielleicht räumt er mit einem Zweifel in dir auf, er sagt, es ist okay, die ganze Nacht durch auf einer wilden Party zu tanzen und zu trinken. Oder er erzählt, dass große Weise auch ab und zu von Zweifeln geplagt wurden. Oder er betont, dass es das Beste ist, was passieren kann, wenn es einem den Boden unter den Füßen wegzieht und man nichts mehr im Griff hat – so wie du es vielleicht gerade erlebst, aber als schlecht und gefährlich eingestuft hast.

In gewissem Sinne mag es so erscheinen, als würde dir ein Lehrer manchmal die Erlaubnis erteilen, so oder so zu sein oder zu handeln. Das ist in Ordnung. Zunächst. Denn wenn es dich dann handeln oder sein lässt, dann machst du Erfahrungen, die du dir andernfalls verweigert hättest. Diese Erfahrungen sind dann aber deine eigenen. Eine Erlaubnis kannst du nun getrost vergessen, du hast sie nicht mehr nötig, du erlebst, lebst selbständig, aus dir heraus, und kommst in die Lage, tatsächliche Transformation zu erfahren.

Wenn sich aber jemand *immer wieder* die Erlaubnis oder die Bestätigung zu holen versucht, dann ist er dabei, sich eine neue Mama oder einen neuen Papa zu suchen, dem er alle Verantwortung aufdrücken kann. Ein guter Lehrer wird dieses Spielchen nicht mitmachen, er wird sich das Kostüm von Mama oder Papa einfach nicht überziehen lassen.

All solche Zusammenhänge zu beobachten, in dir selbst, das ist auf jeden Fall etwas, was du im Satsang »tun« kannst. Beobachten, unbewegt wahrnehmen aus der Stille heraus. Und hören, das Hören schulen. Denn es ist nicht unbedingt so, dass jemand wirklich hören kann, nur weil er zwei medizinisch gesunde Ohren hat. Das merkt man schon in der alltäglichen Kommunikation – was gesagt wird und was gehört wird, das sind meistens zwei völlig unterschiedliche Dinge. Die Klarheit von Sender und Empfänger ist hier wichtig. Wenn ich sage, dass es mir gut geht und du mir das abnimmst, dann liegt das einerseits an deiner Fähigkeit zu hören und andererseits an meiner Authentizität. Wenn es jemandem aber schlecht geht und er sagt, weil er spirituell korrekt sein will, dass es ihm gut geht und der andere nimmt ihm das nicht ab, dann liegt das daran, dass der Sender nicht authentisch ist. Wenn ich völlig authentisch sage, da sind widrige Umstände, aber mein Geist ist klar, es geht mir gut und ich bin gleichwohl freudig, dann kann es dennoch sein, dass meinem Gegenüber so etwas derart fremd ist, dass er es nicht hören kann – dann liegt es am Empfänger, am Hörenden. Im Satsang sind Sprechen und Schweigen authentisch, der Sender ruht in der Wahrheit, in der Stille. Um diese Wahrheit dann aber auch wirklich empfangen zu können, solltest du das Hören schulen, empfänglich werden.

Ich habe ein wunderbares Bild gesehen, das die Empfängnis von Jesus darstellt, ich glaube, es war ein gotisches Altarbild. Es zeigt die Mutter Maria, oder besser gesagt: die Noch-nicht-Mutter-Maria. Man sieht den Engel, der Maria sagt, dass sie einen Sohn empfangen wird. Aus ihrem Ohr führt eine Art Leitung nach oben in den Himmel und dort ist ein Trichter. Der Heilige Geist ist dort hoch oben und Jesus gleitet durch diesen Trichter nach unten und geht bei Maria zum Ohr hinein. Es ist also eine Empfängnis über das Ohr. Das ist ein so wunderschönes Bild, weil es genau das zeigt, was eigentlich passiert. Natürlich bedeutet das nicht, dass sie Jesus wirklich so empfangen hat. Aber die Analogie des Bildes ist so gut: Da ist diese Jungfrau Maria, der der Engel oder das Leben etwas Unglaubliches sagt und sie sagt einfach: Ja. Sie hört wirklich und dadurch wird diese Empfängnis möglich.

Die Sangha

Um jeden Meister versammeln sich Schüler und Anhänger. Sie haben in ihm das Licht erkannt, das ihnen den Weg weisen kann. Bis sie selbst brennen und leuchten. Innerhalb der Sangha kann es Freundschaften und tiefe Verbindungen geben, eine Sangha kann wie eine Familie sein. Das ist sehr unterstützend. Jeder einzelne Mensch in einer Sangha hat sich auf den weglosen Weg begeben und folgt dem Meister ins Nichts, ins Erwachen in das ungeteilte SELBST. Er ist unterwegs zu der unerschütterlichen Wahrheit.

Wer einen Geschmack von der Wahrheit hat und sich ganz darauf ausrichtet, der kann sich nicht sorgen. Genau das unterscheidet Menschen des Wegs von Menschen, die diesen Weg nicht für sich wählen. Es ist die große Unterscheidung, die im Herzen und im Leben geschieht. Religiosität ist keine Frage der Zugehörigkeit zu irgendeiner Organisation, keine Frage von irgendeinem Ritus, keine Frage von Struktur, sondern eine viel, viel tiefere, viel essenziellere Frage. Eine Sangha versammelt Menschen, die diese grundlegende Ausrichtung haben – oder entwickeln können. Auch das ist ja nicht plötzlich zu hundert Prozent da.

Sangha, das kann die Schönheit sein, die darin liegt, sich nicht allein zu wissen auf diesem weglosen Weg, der einen plötzlich von all dem wegzuführen scheint, was Eltern und Schule gepredigt haben. Die Schönheit auch, die in der sich vervielfachenden Kraft liegt, die Menschen plötzlich freisetzen, wenn sie sich auf die Suche machen und erste Goldkörnchen finden. Die Schönheit, die im Austausch mit Gleichgesinnten liegt, im gemeinsamen Praktizieren, im gemeinsamen Wachsen. Die Schönheit auch, wenn du erkennst, dass dir der andere, ob du ihn nun magst oder nicht, immer genau das spiegelt, was du erkennen solltest für dein Wachsen.

Wer einen Lehrer aufsucht, sich auf ihn einlässt und als Schüler bei ihm bleiben will, der muss die Sangha quasi mitkaufen. Mit allem, was da so passiert. Denn es sind Menschen, die suchen, Menschen, bei denen sich allerhand verändert und wandelt, bei denen vor allem aber auch erst einmal allerhand Unverdautes an die Oberfläche gespült wird. Die Nähe des Lehrers begünstigt solche Prozesse ungemein, das heißt aber nicht, dass sich jedes Gespenst dann gleich in Luft auflöst. Jeder muss hier selbst seine Arbeit der Bewusstwerdung leisten. Wenn viele solche sich frisch öffnende Menschen in einer Sangha zusammentreffen, mit all ihren Unsicherheiten, dann kann es immer wieder allerlei Spielchen geben, allerlei Eifersucht, Neid und Machtkampf. Allerlei, was letztlich auch nur spiegelt, wo jeder gerade steht.

So kommen ständig neue Leute hinzu, manche alten Schüler fallen wieder heraus. Manche sind seit sechs Jahren bei mir. Die stehen natürlich an einem anderen Punkt des Weges als jemand, der neu hinzukommt, nicht nur, was die Kenntnis von Methoden angeht, sondern einfach in der eigenen Entwicklung und Erfahrung. Das ist schon manchmal ein Spagat. Aber ich liebe das. Die »Alten«

können lernen, den Fragen der »Jungen« geduldig zuzuhören, was manchmal gar nicht so einfach ist. Und die Jungen können von den Alten lernen.

Die Sangha ist eine Gemeinschaft, aber keine geschlossene Gesellschaft. Sie muss immer wieder bereit sein, sich zu öffnen. Manchmal gibt es Tendenzen, dass sich die Gruppe einkuschelt – man hat sich gerade so wunderbar miteinander arrangiert, man kennt sich, versteht sich, ist durch einiges gemeinsam durchgegangen. Und dann fühlt man sich fast bedroht, wenn jemand Neues auftaucht. Deshalb ist die Frage wichtig: Ist da ein Willkommen? Denn das sollte es, sonst ist die Sangha bald keine Sangha mehr.

Das geistige Umfeld heute

Moderne Schüler, moderne Lehrer – Vorteile und Nachteile

Es war immer und überall gleich schwierig oder einfach, sich von Anhaftungen zu befreien. Es mag in vergangenen Jahrhunderten oder in einer anderen Weltgegend deutlicher spürbare Wurzeln geben, lebendige spirituelle Traditionen, die die Suche des Einzelnen warm und sicher einbetten. Doch auch diese Sicherheit ist trügerisch. Denn den Sprung zum Erwachen muss jeder allein wagen, das Sterben des Ego durchlebt jeder für sich. Tradition hat aber auch viele tatsächliche Vorteile.

Andererseits kann Tradition auch heißen, dass man einschläft, dass man ins buddhistische Kloster geht, nur weil die Eltern das wollten oder weil immer ein Sohn dorthin gehen sollte oder weil man dort halbwegs versorgt ist etc. Keine Tradition zu haben kann den Vorteil bringen, dass man aus sich selbst heraus zu suchen anfängt. Diese Suche hat dann eine große Kraft, da hinter ihr ein absolut freiwilliges Ja steht.

Als Satsang-Lehrerin hier und heute finde ich Gegebenheiten vor, die sich vollständig von jenen unterscheiden, die ein traditioneller Meister in Indien oder Tibet kennt. In der tibetischen Tradition beispielsweise fangen die Mönche bereits im Alter von sechs oder sieben Jahren mit Studium und Meditationspraxis an, was vierzehn bis zwanzig Jahre dauern wird. Jeden Tag außer sonntags wechseln sich von morgens um fünf bis abends um zehn Zeiten für Gebet, Meditation und Puja und Zeiten für Studium und Lernen ab.

Tiefer gehende Meditationsübungen und Einweihungen beginnen im Allgemeinen für diese Schüler erst nach dieser Zeit und werden wieder über Jahre hinweg in einzelnen Schritten und Stufen aufgebaut und vertieft – diese Ausbildung ist, wie in vielen Traditionen, sehr systematisch aufgebaut. Ich erwähne das auch, um dein Durchhaltevermögen, deine Beständigkeit und deine Geduld zu erwecken oder zu vergrößern.

Im Westen herrscht heutzutage oft eine Fast-Food-Mentalität, die auch den spirituellen Bereich erfasst hat. Aber auch hier und heute sind Geduld und Beständigkeit unerlässlich. Gleichzeitig müssen wir natürlich mit den hier herrschenden Gegebenheiten umgehen. Das heißt zum Beispiel, dass die meisten Lehrer ihre Schüler nur zu bestimmten Zeiten des Jahres persönlich sehen und belehren können. Den Rest der Zeit ist der Schüler herausgefordert, die gewonnene Einsicht im normalen Alltagsgeschehen des 21. Jahrhunderts umzusetzen. Wenn dies gelingt, dann ist es möglich, beim nächsten Zusammentreffen, im nächsten Satsang oder Retreat weiter tiefer zu gehen und nicht jedes Mal von vorne zu beginnen. Hausaufgaben gibt es im Osten ebenso wie im Westen, sie schauen nur anders aus.

Neben der knapper bemessenen Zeit, die Lehrer und Schüler heute in der Regel zusammen sind, ist das gesellschaftliche Umfeld ein gänzlich anderes als in den Kulturen, die Satsang traditionell kennen. Ist es dort ganz allgemein positiv angesehen und vielleicht sogar für die gesamte Familie ein Bonus, wenn einer zu einem Guru geht, müssen sich viele Schüler bei uns heute mit den Ängsten, Vorwürfen und dem Misstrauen ihres Umfeldes herumschlagen. Dies wird natürlich auch als Thema mit in den Satsang gebracht.

Advaita und Advaitismus

Ich erfand den Begriff »Advaitismus« – ein Unding in sich –, um das Missverständnis aufzuzeigen, wenn aus Advaita ein neues Konzept erstellt wird, eine neue scheinbare Sicherheit, eine neue Dualität erschaffen wird.

Er passt auch, wenn man Advaita missbraucht für Aussagen wie: »Es ist sowieso alles in Ordnung« oder »Ich muss nichts tun« oder »Ich kann nichts tun, alles ist so wie es ist«. Das ist ein Advaita-Konzept, es hat nichts mit Advaita zu tun. Ganz oft, wenn es darauf ankäme, sich zu öffnen, sich verletzlich zu zeigen, dann hört man dieses: »Ich kann nichts tun.« Aber von selbst geschieht nichts. Du kannst dich öffnen, du kannst deine Bereitschaft leben, berührt zu werden, alles anzunehmen, was ist.

Frische Geistesströmungen in Wissenschaft und Philosophie

Es gibt einige herausragende moderne Geisteswissenschaftler, die sowohl den momentanen Zustand des menschlichen Bewusstseins erklären und beschreiben, als auch mögliche Wege hin zu einer Weiterentwicklung und Transformation beschreiben. Ich finde manche ihrer Schriften sehr wesentlich, gerade auch im Zusammenhang mit Satsang. Chancen und Hindernisse sind dort teilweise äußerst prägnant aufgezeigt. Im Folgenden möchte ich daher auf einige dieser Wissenschaftler eingehen. Dies kann natürlich nur ein kurzer Abriss sein, aber vielleicht regt es dich an, weiterzuforschen.

Humberto Maturana und Francisco Varela

In der Physik ist seit Längerem bekannt, dass experimentelle Ergebnisse abhängig vom Experimentator sind, dass es eine objektive physikalische Wirklichkeit gar nicht gibt. Auch wenn es diese Erkenntnis immer noch nicht in alle

Schulbücher geschafft hat, ist sie in der Wissenschaft unangefochten.

Seit einiger Zeit findet sie sich analog auch in der Biologie, begründet von den chilenischen Biologen und Erkenntnistheoretikern Humberto Maturana und Francisco Varela. Sie wirkt noch einmal mehr auf den Menschen, der sich damit beschäftigt, zurück, denn in der Biologie geht es ganz unbestritten um uns selbst, um uns Menschen – mehr als bei Quarks und Atomen, die uns vielleicht fern erscheinen mögen. Kommen zudem Erkenntnistheorie und Biologie zusammen, gibt es kein Ausweichen mehr. Wirklichkeit und Erkenntnisgewinn lassen sich nicht unabhängig voneinander betrachten.

Dies ist den beiden Wissenschaftlern sehr bewusst, in ihrem Buch *Der Baum der Erkenntnis* fordern sie den Leser gleich zu Beginn auf, sich von seiner Haltung der Gewissheit, die in unserer Zeit eine Grundhaltung geworden ist, zu lösen. Und auch am Ende, nach einer faszinierenden, zugleich aber einen recht weiten Geist erfordernden wissenschaftlichen Reise, ist es begründete Tatsache: Unser Erkennen ist immer zugleich Handeln, wir erschaffen im Erkennen das Bild, das wir dann als Realität annehmen. Wir tauschen uns darüber aus und legen uns im kulturellen Kontext gemeinsam darauf fest, was »Realität« ist. Um nun wirklich erkennen zu können, müssen alle vorgefertigten relativen Wahrheiten beiseite gerückt werden. Das erinnert an die grundlegende buddhistische Übung des Nicht-Wissens, die wir uns noch ansehen werden.

Überhaupt zeigt sich in der Arbeit dieser Naturwissenschaftler eine enge Verbindung zu östlichen Lehren, die einige tausend Jahre älter sind. So war Varela (er verstarb sehr früh im Jahre 2001) praktizierender Buddhist und einer der Begründer der Mind-and-Life-Konferenzen, zu denen sich Ende des 20. Jahrhunderts der Dalai-Lama, die geistigen Vorreiter der Naturwissenschaften und einige Philosophen zum Austausch trafen.

Maturana und Varela erklären, dass wir immer in der »Wirklichkeit« leben, die wir über unsere Wahrnehmung schaffen. Und da unsere Wirklichkeiten – innerhalb der samsarischen Beschränkung, wie wir ergänzen müssten – stets gemeinschaftlich festgelegte sind, sind wir voneinander abhängig und können nur weiterexistieren, in der Natur genauso wie miteinander, wenn wir in Liebe auf das Wohl des Gesamten schauen, wenn wir ganzheitlich handeln. Dies ist also keine Wunschvorstellung, kein emotionales Gerede, keine religiös-träumerische Idee – es ist eine naturwissenschaftlich belegbare Tatsache! Alle Orientierung auf Macht, auf persönliche Erfolge auf Kosten anderer, alles Pochen auf die eigene »Wahrheit« steht der Erkenntnis und ebenso dem Überleben der Gesamtheit der Wesen entgegen. Liebe definieren Maturana und Varela dabei so: »(…) das Erleben einer biologischen interpersonellen Kongruenz, die uns den anderen *sehen* lässt und dazu führt, dass wir für sie oder ihn einen Daseinsraum neben uns öffnen.«[14] Sie zeigen auf, dass der Begriff und der Verweis auf »Liebe« die viel beschworene Wissenschaftlichkeit eben gerade nicht untergräbt – sie ist eine biologische Dynamik mit tief reichenden Wurzeln und für unser Menschsein auch in Zukunft unerlässlich. Dem anderen – ob er uns nun gefällt oder nicht – »einen Daseinsraum neben uns zu öffnen«, das ist es, was uns weitet, was den Geist ausdehnt und ein friedliches Miteinander ermöglicht. Ohne diese Liebe aber werden Umweltzerstörung, kleine und große Kriege, das lieblose Nebeneinander das Leben auf der Erde zerstören. Spirituelle Weisheit und naturwissenschaftlich belegbare Tatsache haben sich in der Arbeit Maturanas und Varelas – weil sie ihren Geist weit genug für die andere Seite öffnen konnten – innig berührt und erkannt, haben Erkennen und einsichtiges Handeln möglich gemacht.

14 Maturana, Humberto / Varela, Francisco: *Der Baum der Erkenntnis;* Seite 266

Ken Wilber

Als einer der einflussreichsten Denker unserer Zeit schafft Ken Wilber eine Verbindung von Mystik und Wissenschaft, die eine glasklare Bestandsaufnahme der menschlichen Entwicklung bis heute ist und gleichzeitig ein ungemein kostbarer Ansatz zur Bewältigung all der drängenden Fragen, die unser Weiterleben auf diesem Planeten betreffen. Das für uns hier Spannende und auch so Schöne daran ist, dass Ken Wilber dazu kommt, die spirituelle Dimension, Transformation, das Non-Duale, das meditative Sein notwendigerweise in seine wissenschaftliche Theorie einzubeziehen. Sein gesamter Ansatz hat darüber hinaus selbst oftmals den Geschmack von Meditation, von stillem Gewahrsein, von Alles-annehmen-was-ist. Wie beispielsweise sein Tagebuch »Einfach ›Das‹« zeigt, ist Ken Wilber als Mensch mittendrin in dem, was er propagiert, er lebt es in einem unendlichen Prozess des Sich-Weitens und Wachsens.

KOSMOS war bei den Griechen die strukturierte Gesamtheit allen Seins, die Gesamtheit der materiellen, emotionalen, mentalen und spirituellen Dimensionen, bevor es auf Kosmos, das materielle Universum reduziert wurde, bevor aus »lebendiger Totalität« in unserer Anschauung und Benennung leblose und gefühllose Materie wurde. Als Denker, Philosoph, Meditierender und als verantwortungsbewusster Mensch unserer Zeit widmet Ken Wilber sein Leben dem Finden einer »Theorie von Allem«, die Wissenschaft, Religion, Kunst, Moral, Ethik, Spiritualität und Gebet einschließt und wieder zum KOSMOS findet. Dabei lässt er sich stets anregen und befruchten von den Ergebnissen oder Vermutungen der Forscher auf allen Wissens- und Erfahrungsgebieten. Auch seinen eigenen Ansatz, der inzwischen einen sehr weit fortgeschrittenen Stand erreicht hat, versteht er als Anregung, der bald von größeren und nützlicheren Ansätzen aufgenommen und überwunden werden wird.

Dies liegt auch in der Natur seiner Denkweise: An unterschiedlichen Modellen erklärbar – wir werden es noch anhand der Spiral Dynamics andeuten –, zeigt Wilber auf, dass Entwicklung ein Über-das-zuvor-Bestehende-Hinauswachsen ist. Es ist nicht so, dass die jeweils zuvor bestehende Stufe verworfen, verdammt und für falsch erklärt werden könnte – sie war notwendig für den Sprung in die nächste Dimension, ob für ein Kollektiv oder für den Einzelnen. Ungeachtet dessen wird sie oft von Vertretern des jeweils Neuen verdammt, das aber führt, wie wir unter dem Begriff *Boomeritis* sehen werden, zu Schäden an der Gesamtheit. Im Darüber-Hinauswachsen wird es also, so hofft Wilber sogar, recht bald neuere und nützlichere Theorien geben als seine.

Leider haben wir hier nicht den Raum, detailliert auf den integralen Ansatz und die integrale Praxis nach Ken Wilber einzugehen. Doch das auch für unser Thema Satsang Interessante lässt sich zumindest andeuten, auch damit du einen Geschmack der Wilber'schen Arbeit erhältst, der dir Appetit macht, bei ihm und über ihn hinaus weiter zu suchen.

»Es gibt einen Weg aus dem Leiden, eine Möglichkeit von Gegensätzen frei zu sein, und diese besteht in der überwältigenden und unmittelbaren Erkenntnis, dass der GEIST nicht die Gegensatzpaare Gut und Böse, Lust und Schmerz, Licht und Finsternis, Leben und Tod, Ganzes und Teil oder ganzheitlich und zergliedernd ist. Der GEIST ist der große Spieler, der alle diese Gegensatzpaare gleichermaßen hervorbringt … Der GEIST ist nicht die gute Hälfte der Gegensätze, sondern der Urgrund aller Gegensätze, und unser Heil besteht nicht darin, dass wir die gute Hälfte des Dualismus finden, sondern den Ursprung beider Hälften des Dualismus, denn dies sind wir in Wirklichkeit. Die große Befreiung besteht also darin, von Gegensatzpaaren, von Dualität frei zu sein und zum nichtdualen Einen Geschmack zu gelangen, aus dem die Zweiheit hervorgeht. Das ist Befreiung, weil man damit den unmöglichen schmerzlichen Traum beendet, der einen das ganze Leben damit zubringen lässt, ein Oben ohne ein Unten zu finden, ein Innen ohne ein Außen, ein Gutes ohne ein Böses, eine Lust ohne den unvermeidlichen Schmerz.«[15] Analog dazu, dem treu bleibend, geht Wilber auch als Wissenschaftler vor: In keine der Bewusstseinsebenen oder Entwicklungsstadien, die dem Menschen möglich sind, verstrickt, mit keiner identifiziert, keine als Ideal vor Augen, schwingt er sich in die Vogelperspektive und schaut. Er nimmt wahr was ist und wird kreativ im Umgang mit den Gegebenheiten.

Spiral Dynamics, Pluralismus und Boomeritis

Don Beck und Christopher Cowan entwickelten das Modell der Spiral Dynamics, das Ken Wilber aufgriff, um seine »Theorie von Allem« daran zu schärfen und zu erläutern. Es ist ein Modell, das beispielsweise maßgeblich daran beteiligt war, die Apartheid in Südafrika zu beenden. Grob dargestellt besagt es, dass sich die Bewusstseinsentwicklung spiralförmig vollzieht, wobei jede höhere Ebene die frühere mit einschließt, umgreift, über sie hinauswächst. Beck und Cowan gehen anhand einer Farbaufteilung die Menschheitsentwicklung und die menschliche Entwicklung durch:

- beige: der pure Überlebenswille, instinktiv
- purpur: magisch-animistisch
- rot: mächtige Götter, egozentrisch
- blau: mythische Ordnung, ethnozentrisch
- orange: Wissenschaft, Rationalität, persönlicher Erfolg
- grün: das sensible Ich, pluralistisch
- gelb: integrativ
- türkis: holistisch, globale Sicht

15 Wilber, Ken: Einfach »Das«; hier zitiert nach: ders.: *Im Auge des Hurrikan bist du sicher;* Seite 17f.

Diese verschiedenen Ebenen werden Meme genannt. Von Beige bis Grün wird dabei vom Primärschichtbewusstsein gesprochen, ab Gelb, Türkis und auch darüber hinaus von der Sekundärschicht, in der sich das Bewusstsein hin zum Transpersonalen entwickelt; das *Ganze* rückt in den Mittelpunkt, wo zuvor noch das Ego der Einzelperson oder einer Gruppe und die entsprechenden Abgrenzungen und Anfeindungen nach außen vorherrschend waren. Die Entwicklung, die sowohl die Menschheit als Ganzes, aber auch jeder Mensch für sich durchläuft, soweit er eben kommt, geht dabei:

- von Körper zu Geist zu Seele zu GEIST
- von präkonventionell zu konventionell zu transkonventionell
- von egozentrisch zu ethnozentrisch zu weltzentrisch
- vom Ich zum Wir zum Wir alle
- von prärational zu rational zu transrational
- und so weiter

Entwicklung kann man damit als ein »(…) sukzessives Abnehmen der Egozentrik definieren (…)«.[16] Die Spiral Dynamics baut Ken Wilber in ein Modell ein, das dem Innen und Außen, dem Einzelnen und dem Umfeld auf allen Wellen und Spiralen der Entwicklung gerecht zu werden versucht. Er zeigt daran ganz klar auf, wie ungünstig es sich auf die gesamte Spirale auswirkt, wenn eine Bewusstseinshaltung vorherrschend wird, die sich zum Beispiel nur auf das Außen oder nur auf das Innen fokussiert und die Existenz der anderen Bereiche ignoriert oder leugnet.

Grün kommt nun eine ganz wesentliche Rolle zu, sind es doch die Menschen, die sich auf dieser Stufe befinden, die den Sprung ins Sekundärschichtbewusstsein schaffen können, in das Bewusstsein, das weit genug geworden

16 Wilber, Ken: *Ganzheitlich handeln;* Seite 30

ist, um sich um die Belange des Ganzen zu kümmern, ins Transpersonale hineinzuwachsen und sich als GEIST zu erkennen. Leider hat die grüne Ebene aber bei allem Positiven, was es als sensibles Ich hervorgebracht hat, bei all der wertvollen Sensibilität für die zuvor Unterdrückten, die nie gehörten Stimmen, der gesamten Spirale eine empfindliche Schwächung eingebracht. Ken Wilber nennt die Krankheit der grünen Ebene, die das Weitergehen zum Sekundärschichtbewusstsein verhindert, *Boomeritis*. Der Begriff rührt daher, dass die meisten Menschen, deren Bewusstsein sich in dieser grünen Ebene bewegt, der Baby-Boom-Generation angehören. Diese Generation brachte den Pluralismus ins Spiel, die Anerkennung der Unterschiedlichkeit, den Multikulturalismus. Sie entwickelten das sensible Ich, das sich in andere hineinversetzt und deren Wohl im Auge hat, ob sie nun zum eigenen engeren Kreis gehören oder nicht. Sie brachten auch Umweltschutz, Gleichberechtigung der Frau, Gleichberechtigung aller Rassen etc. in die Diskussion ein. Die Kehrseite ist die, »(…) dass die sehr hoch entwickelte Haltung des grünen Pluralismus – ein Produkt von mindestens sechs Stufen hierarchischer Transformation – sich nun umwendet und alle Hierarchien leugnet. Doch damit lehnt der Pluralismus gerade den Pfad ab, auf dem die eigene noble Haltung entstanden ist.«[17] Alles Nicht-Hierarchische und Nicht-Konventionelle wird propagiert, ohne dass man darauf schaut, ob es prä- oder posthierarchisch, transhierarchisch, ob es präkonventionell oder transkonventionell, ob es prärational oder transrational ist. Die Tür für einen ungezügelten Narzissmus steht weit offen und entsprechend narzisstisch, ich-verliebt und ich-bezogen, agiert das grüne Mem auch – was sich nicht einfach auf diese Generation bezieht, sondern jeden treffen kann, der sich im grünen Mem befindet und versäumt, darüber hinauszugehen. Die Grundhaltung ist »Keiner sagt mir, was

17 Wilber, Ken: *Ganzheitlich handeln;* Seite 40

ich zu tun habe!« und »Ich mache mein Ding, du machst dein Ding, da ist nichts zu integrieren«. »Das sehr hohe Entwicklungsmem des Pluralismus wird Unterschlupf und Zuflucht für die *Reaktivierung* einiger niedriger und stark egozentrischer Meme.«[18] So neigen ihre Vertreter dazu, ihr Tun und die nützlichen Teilwahrheiten über alle Maßen aufzublähen, sie sammeln also nicht nur Altglas und Altpapier, sondern lassen Gaia nach Jahrtausenden der Unterdrückung neu auferstehen, auf eine revolutionäre Weise, die nie zuvor da gewesen ist und die ungeahnte Auswirkungen auf das gesamte Leben haben wird...

Menschheit und Erde stecken in großen Schwierigkeiten, die sich nicht mit der Art von Denken und Handeln lösen lassen, die erst dahin geführt haben. Etwas gänzlich Neues ist nötig – eine integrale Praxis, wie Wilber darlegt. Doch nicht einmal zwei Prozent der Weltbevölkerung werden heute zur sekundären Bewusstseinsschicht gezählt, wohingegen zehn bis zwanzig Prozent zum grünen Mem gehören und jederzeit zum Sprung in den integral agierenden Bereich ansetzen können. Worum es jetzt geht ist, von pluralistischer Beliebigkeit zu umfassender Integration zu kommen, in der keine starren Hierarchien vorherrschen, sondern Holarchien, natürliche Wachstumshierarchien wie in der Kette: Atom, Molekül, Zelle, Organismus, Biotop. Jedes ist hier ein Ganzes, das vom nächsthöheren Ganzen vollständig umfangen wird – zum Überleben der gesamten Spirale.

Denn um die geht es ja. Es geht nicht darum, dass alle Menschen und Gesellschaften so schnell wie möglich in die Sekundärschicht gehievt werden müssten, denn jedes Neugeborene beginnt seinen Weg auf Ebene eins, bei den sensomotorischen Instinkten. Auf Erden wird es also immer ein Kaleidoskop all der Farben geben, immer die gesamte Spirale. Die technologischen Entwicklungen der

18 Wilber, Ken: *Ganzheitlich handeln;* Seite 40

blauen und orangen Stufen haben es möglich gemacht, das Leben auf der Erde zu vernichten. Nutzen können diese Technologien auch die ganz frühen Stufen, die gänzlich egozentrisch agieren und diese Techniken nicht selbst hätten entwickeln können. Nur eine Integration der inneren Ebenen am anderen Ende der Spirale, die Bewusstseinsentwicklung hin zum Transpersonalen, zum Weltzentrischen kann heute ein Gleichgewicht schaffen.

Auch hier hat das grüne Mem etwas Entscheidendes übersehen: Es hat gegen Blau gekämpft, versucht Traditionalismus, Hierarchiedenken, den mythischen Bewusstseinszustand zu vernichten. Wo dies aber gelingt, ist den prä-grünen Memen wie Rot und Purpur jede Chance genommen, sich zu entwickeln, da ihr Weg nun einmal über das blaue Mem führen muss, um zu Orange, Grün und schließlich in die Sekundärschicht zu gelangen – eine narzisstische Ignoranz gegenüber dem Wohl des Ganzen, die auch dem eigenen Ansinnen schadet.

Ausblick auf holistisches Denken und Handeln

Max Planck, Nobelpreisträger für Physik, schreibt: »Der oft gehörte Satz ›Alles ist relativ‹ ist ebenso irreführend wie gedankenlos (…) Aus allen diesen (wissenschaftlichen) Daten gilt es, das Absolute, Allgemeingültige, Invariante (= Unveränderliche) herauszufinden, was in ihnen steckt.«[19] Das ist eine Unternehmung, an der Ken Wilber seit vielen Jahren arbeitet, und es wird allmählich deutlich, an wie vielen Punkten des Weltgeschehens seine Theorien befruchtend wirken. Mittlerweile gibt es interdisziplinäre Netzwerke, denen neben Natur- und Geisteswissenschaftlern auch Mediziner, Heiler, Künstler, Pädagogen, Politiker und Wirtschaftsleute angehören – gemeinsam arbeiten sie weiter am integralen Ansatz und

19 Planck, Max: Wissenschaftliche Autobiographie; zitiert nach: Raphael: *Jenseits des Zweifels;* Seite 7

vor allem an der integralen Praxis. Unbeachtet von allen Nachrichtensendern lassen sich Organisationen wie UNICEF oder Berater der politischen Weltspitze von Vertretern des integralen Ansatzes unterweisen und beraten. Das ist eine sehr positive Entwicklung, geht es in der integralen Praxis doch immer darum, die Spirale als Ganzes zu stärken und gesund zu erhalten und nicht um die Kräftigung einzelner Ebenen, die als besser angesehen werden. Mag sich das auch noch nicht in der Alltagspolitik unserer krisen- und kriegsgeschüttelten Welt niederschlagen, weist es doch auf eine wachsende Kraft hin, die innere und äußere Faktoren, Aktivität im Außen und Bewusstseinsentwicklung im Inneren jedes Einzelnen gleichermaßen betont – weil nur beides zusammen zu einer stabilen Gesundheit für das Ganze führen kann.

Das Tiefergehen in diesen Geistesströmungen ist ungemein spannend und höchst aufschlussreich, auch in Bezug auf Satsang, in Bezug auf Hingabe, auf das Über-sich-Hinauswachsen. Und es lohnt, sich ehrlich zu fragen: Habe ich Boomeritis oder Reste davon? Lasse ich die uns zutiefst eingegebene Entwicklung in meinem Leben zu, habe ich die Bereitschaft dafür? Oder halte ich an einer Stufe fest, bremse oder grenze einzelne Farben aus? Kann ich meinen Blick, meine Gedanken, mein Herz immer weiter ausdehnen, so dass das Wohl der gesamten Spirale darin Platz hat? Kann ich das Leben in all seinen Farben tanzen, meinem Tanz immer neue Farben hinzufügen und die Farbigkeit der anderen freudig so sein lassen, wie sie ist?

Holismus heißt nicht die Fixierung auf die Unterschiede, dann würde allenfalls ein »Haufen-ismus« entstehen. Ken Wilber sagt: »Wir müssen nach dem Einen in der Vielfalt suchen, das die Form des KOSMOS selbst ist.«[20] Und das tut auch die Methode der Meditation. »Sich einer neu-

20 Wilber, Ken: *Ganzheitlich handeln;* Seite 128

en holistischen Weltanschauung zu verschreiben, an Gaia zu glauben oder sogar in integralen Begriffen zu denken – so wichtig das alles auch sein mag, ist es doch am wenigsten wichtig, wenn es um spirituelle Transformation geht. Herauszufinden, wer an alle diese Dinge glaubt, da liegt die Eingangspforte zu Gott.«[21] »Und die integrale Suche kommt schließlich an ihr Ziel, indem sie das Suchen selbst aufgibt und sich in einer radikalen Freiheit und ekstatischen Fülle auflöst, die immer schon vorhanden waren. So lässt man dann jede Theorie von Allem fallen, um einfach Alles und Jedes zu *sein*.«[22]

21 Wilber, Ken: *Ganzheitlich handeln;* Seite 154
22 Ebenda, Seite 158

Leben ist Veränderung, Satsang der Katalysator zur Transformation

Veränderung – der Fluss des Lebens

Jeder Mensch weiß, dass Leben Veränderung ist. Man weiß es, es ist im Kopf und gleichzeitig versucht man oft, nicht hinzuschauen. Man bemüht sich, es nicht zu wissen. Aber jeder Mensch weiß, dass es Geburt und Tod gibt, jeder Mensch weiß, dass Körper krank werden, jeder Mensch weiß, dass man ein Haus kauft, ein Haus verliert, dass man Dinge hat und sie wieder weggehen, dass man sich schöne Kleider kauft und sie irgendwann kaputt sind, dass man sich verliebt und die Verliebtheit irgendwann vergeht. Jeder Mensch weiß das, jeder Mensch erfährt das und trotzdem ist man sehr häufig bemüht, dem zu entgehen. Der Gedanke und die Hoffnung dabei ist oft: Mir wird es gut gehen, wenn ich diese Veränderung vermeiden könnte, wenn ich die Sterblichkeit vermeiden könnte im Großen und Kleinen. Wenn ich erreichen könnte, dass die Verliebtheit ewig anhält, dann wäre ich glücklich. Und wenn ich erreichen könnte, dass mir nie das Geld ausgeht, dann wäre ich glücklich. Und wenn ich erreichen könnte, nie krank zu werden, dann wäre ich glücklich. Das ist die stille Hoffnung, die man vielleicht gar nicht auszusprechen wagt, da man ja weiß, dass es nicht geht. Aber irgendwo schwingt das im Geist der meisten Menschen.

Aus diesem Nicht-Akzeptieren der Veränderung kommt sehr viel Leiden. Das Leiden kommt nicht aus der Veränderung selbst, sondern aus dem Nicht-Akzeptieren der Veränderung. Wenn ein Mensch nicht bereit ist, mit dem Fluss des Lebens zu gehen, mit den Höhen und Tiefen, mit den Höhen genauso wie mit den Tiefen und mit den Tiefen genauso wie mit den Höhen, dann leidet er. Wenn du glücklich sein kannst in den Höhen genauso wie in den Tiefen, dann ist kein Leiden da. Dann gibt es vielleicht manchmal Schmerz und Traurigkeit. Deshalb sagt Buddha, die erste Wahrheit, die zu verstehen und zu akzeptieren ist, ist: Leben ist Leiden. Man könnte auch sagen: Leben ist Veränderung. Es ist ein Auf und Nieder, manchmal Schmerz, manchmal Traurigkeit, manchmal Freude. Und ich merke, dass das eine Wahrheit ist, auf die ich im Lehren mit den Menschen immer wieder zurückkommen muss.

Leben ist sowieso Veränderung, ständig, alle unsere Zellen verändern sich ständig, sie sterben, sie entstehen neu, manche leben nur ein paar Tage, manche Jahre, Nervenzellen leben ziemlich lange, Blutzellen haben nur eine kurze Zeit. Unser Körper ist also spätestens nach ein paar Jahren komplett ausgetauscht, er ist nicht mehr derselbe wie vor zehn Jahren, nicht nur wegen der Falten und der grauen Haare, die kommen, sondern in jeder einzelnen Zelle. Das heißt, es ist absurd, sich mit dem Körper zu identifizieren. Und trotzdem passiert es bei den meisten Menschen ständig.

Wenn Menschen durch Meditation, durch Achtsamkeit, durch Einsicht irgendwann an den Punkt kommen, die Veränderlichkeit wirklich dauerhaft als Fluss wahrnehmen zu können und in Hingabe akzeptieren zu können, dann wird auf einmal das Unveränderliche erfahrbar. Denn solange du versuchst, das, was im ständigen Fluss, in ständiger Veränderung ist, zu fixieren, kannst du nicht durchblicken – im wahrsten Sinne des Wortes – und kannst das, was eigentlich dahinter und darüber liegt, was die ganze Zeit strahlend, unveränderlich vorhanden ist als dein eigenes Wesen und das Wesen von allem, nicht sehen.

Es ist eine Frage der Fokussierung. Man kann sich das sehr schön am Bild eines vorbeifahrenden Güterzuges verdeutlichen: Wenn du dich auf einzelne Waggons fokussierst, nimmst du die Landschaft, die die ganze Zeit statisch und unveränderlich dahinter ist, nicht wahr. Wenn du hingegen auf das Unveränderliche dahinter schaust – es ist nur ein Bild, die Landschaft ist natürlich auch nicht unveränderlich –, wenn du dich auf den Raum dahinter fokussierst, dann nimmst du immer noch den Güterzug wahr, aber wirklicher, nämlich in seiner Bewegung und Veränderlichkeit. Der Zug ist bald wieder weg, der Raum ist immer noch da. Dann kommt ein neuer Zug, ist wieder weg, der Raum ist immer noch da, durch den jeder dieser Züge fährt.

Die meisten Menschen wollen die Veränderung nicht unbedingt sehen und akzeptieren. Eigentlich sind sie ein Leben lang damit beschäftigt, alle möglichen Dinge zu unternehmen, um Veränderung zu vermeiden. Natürlich will man gern Veränderung, wenn es einem gerade schlecht geht; wenn man krank ist, wünscht man sich die Veränderung zur Gesundheit, und wenn man kein Geld hat, wünscht man sich, dass welches kommt – das meine ich nicht, wenn ich sage, dass die meisten Menschen keine Veränderung wollen. Ein Großteil der Energie, der Kreativität, der Geisteskraft von Menschen wird verwendet, um Sicherheit zu schaffen, die es gar nicht gibt. Es wird immer nur vermeintliche Sicherheit sein können. Das geht hin bis zur Lebensversicherung, die dir nicht das Leben versichert, sondern den Tod. Das ist für mich so ein Beispiel, auch der Manipulation, die durch dieses Sicherheitsstreben möglich wird – eine »Todesversicherung« würde wahrscheinlich niemand kaufen. Aber die »Lebensversicherung« versichert nicht dein Leben. Das ist genauso wie die neue »Gesundheitskasse«; es bleibt eine Krankenkasse, in mehrfacher Hinsicht.

Ganz viel dessen, was man Ego nennt, hat hiermit zu tun. Da ist die grundlegende Verunsicherung, die eigentlich die Möglichkeit zum Aufwachen und zur Transformation enthält. Wenn man ihr aber zu entgehen versucht, dann muss man alle möglichen Dinge unternehmen, um nicht fühlen zu müssen, dass man unsicher ist in seinem Leben und in seinem Sterben. Man beginnt Mauern jeglicher Art zu bauen, um sich und um seine Familie und sein Haus, man passt auf, dass einem nichts geklaut wird: Man muss dicke Schlösser anbringen, tatsächlich und im übertragenen Sinne, und man unternimmt alles Mögliche, um Verfall und Veränderung zu vermeiden. Besitzgier, Eifersucht, Hass, vieles davon kommt oft aus diesem grundlegenden Nicht-verstehen-Wollen. Deshalb ist die Ignoranz, das Nicht-verstehen-Wollen, die Dummheit die dritte und eigentlich dickste und grundlegendste Wurzel von Leiden, aus der Gier und Hass erst entstehen.

Die folgende Methode ist eine simple, aber wirkungsvolle Möglichkeit, in dieser Hinsicht ein bisschen flexibler, ein bisschen lebendiger zu werden: In ganz einfachen Situationen kannst du damit spielen, Veränderung zuzulassen. Du erlebst etwas Schönes, beispielsweise einen Ausflug in die Berge oder ans Meer, irgendetwas Tolles, und du weißt: Morgen ist Montag und du musst zur Arbeit. Nun könntest du diesmal versuchen, dir *nicht* zu wünschen, dass der Ausflug noch ewig dauern möge, dass es noch ewig so ruhig und sonnig und fröhlich bleiben möge, dass nicht Montag würde. Oder du erlebst eine tolle Nacht mit deiner Frau oder deinem Mann, mit deinem Geliebten im Bett: Bleibe dir völlig klar darüber, dass dies ein vorübergehendes Ereignis ist, ein sehr schönes, befriedigendes, ein momentan befriedigendes Ereignis, das aber in einer Stunde oder in zwei oder drei Stunden vorbei sein wird. Übe damit einverstanden zu sein. Dieser bewusste Umgang mit der Vergänglichkeit und Veränderlichkeit lässt dich achtsam werden, du erkennst bald immer deutlicher die Situationen und Momente, in denen du versuchst, Veränderung zu vermeiden. Damit lässt sich sehr schön spielen.

Muss man sich ändern? Oder: Herausforderung Transformation

Oft höre ich die Frage: Muss man sich ändern? Sich der Veränderungen im Fluss des Lebens bewusst zu werden, so wie wir es eben als Übung versucht haben, das ist ein erster Schritt. Doch selbst dafür muss man sich schon ändern. Um sich nicht in die Wünsche und die Ablehnung zu verstricken, muss man etwas ändern. Und in einem tiefen Ändern liegt der Anfang von Transformation.

Man könnte vielleicht sagen, dass diese ganzen natürlichen Veränderungen des Lebens die horizontale Dimension sind: So läuft es halt dahin, das Leben, es ist ein ständiger Fluss. Die Transformation hingegen ist eine vertikale Dimension, sie passiert nicht von selbst. Der Fluss des Lebens mitsamt all seinen Veränderungen ist eine natürliche Angelegenheit des Lebens, das Rad von Samsara dreht und dreht sich. Transformation ist vertikal, es ist auch Veränderung, noch tiefere Veränderung, aber es ist ein Sich-darüber-hinaus-Entwickeln, wobei die Horizontale natürlich gleichzeitig weiterläuft. Es geht also nicht um die Vertikale statt der Horizontalen, sondern darum, dass die Vertikale hinzukommt. Sie verwandelt, erleuchtet die Horizontale.

Viele Menschen hängen der Idee an, dass man sich sowieso und von ganz allein zu Gott hin entwickelt. Diese Vorstellung hat ihre Berechtigung, denn der Drang nach Transformation, die Sehnsucht danach ist uns ja eingegeben. Und irgendwann kann man dem einfach nicht mehr widerstehen. Gleichzeitig geht diese Entwicklung aber gegen die Schwerkraft, es geht um ein Sich-Erheben, es geht in die Vertikale. Dies passiert nicht von selbst, es erfordert die Bereitschaft etwas zu tun und zu ändern, zu praktizieren. Trotzdem, irgendwann in wer weiß wie vielen Äonen werden die Bodhisattvas vielleicht in Rente gehen können, weil alle heimgekommen sind. Oder auch nicht. Auf jeden Fall braucht diese Transformation Arbeit, wenn man es ganz schrecklich ausdrücken will. Rechtes Bemühen ist nötig.

Ken Wilber hat gesagt, dass es auf dieser Vertikalen nach oben Transformation und in der anderen Richtung Regression gibt. Und manchmal wird Regression mit Transformation verwechselt, einfach weil sich bei beiden irgendetwas bewegt. Regression der Gefühle oder Empfindungen, zum Beispiel, wenn man sich kuschelig und zu Hause fühlt in einem schönen »Space«, ist sehr verlockend, aber nicht wirklich zielführend. Viele Menschen verfallen dieser Verlockung, denn Regression geschieht von selbst, sie geht mit der Schwerkraft. Transformation hingegen braucht Arbeit, sie ist manchmal anstrengend.

So geht der Fluss des Lebens in der Horizontalen dahin. Durch Ängste und Verstrickungen stellen sich die meisten Menschen diesem Fließen immer wieder in die Quere und versuchen es aufzuhalten. Den Fluss einfach fließen zu lassen und ihm zu folgen, das ist schon ein möglicher Anfang sich zu erheben. Das ist ja schon das Bemühen, die Bereitschaft, das Loslassen. Die Vertikale öffnet sich immer im Jetzt, genau jetzt und genau hier. Und immer dann, wenn man versucht, das Jetzt und Hier zu vermeiden, in seiner Freude und seinem Schmerz und seiner Veränderlichkeit, dann verpasst man diesen Punkt, dann steht man eigentlich neben sich.

Veränderung ist also einerseits der natürliche Gang des Lebens und der Natur, den du wirklich zutiefst akzeptieren musst. In diesem Akzeptieren dieser ersten Wahrheit kannst du wie von selbst zur zweiten Wahrheit, wie sie Buddha formuliert, kommen und verstehen, was die Ursache von Leiden ist: Gier und Hass und Nichtakzeptanz. Wenn du die Ursache kennst, kannst du die dritte Wahrheit erkennen: Man kann es ändern. Und jetzt geht es in die Vertikale, du bist in der Akzeptanz der Veränderlichkeit, aber du bist nicht mehr Opfer des Leidens. Transformation ist möglich. Nun wirst du erkennen, was du alles brauchst für die Veränderung, für deine Umwandlung, deine Praxis. Und schon bist du bei der vierten Wahrheit, dem Weg.

Ich sage eindeutig: Ja, man muss sich ändern. Aber man muss sich natürlich nicht ändern, weil Gott sagt, dass man sich ändern solle. Sondern du musst dich ändern, wenn du dich aus deinem Willen heraus in eine vertikale Richtung bewegst, weil du erkannt hast, dass Transformation notwendig ist. Wenn du das dann umsetzen willst, musst du dich ändern. Das ist als würdest du Tennis spielen wollen – dann musst du üben. Natürlich *musst* du nicht trainieren, du *musst* ja auch nicht Tennis spielen. Aber wenn du Tennis spielen und Spaß daran haben möchtest, dann musst du trainieren. In diesem Bereich ist es leicht zu verstehen. Wenn du dich vom Leiden befreien willst, dann musst du dich ändern, oder richtiger formuliert: transformieren. Sich aktiv zu verändern kann ja auch bedeuten, eins durch ein anderes zu ersetzen, das wird dich auf deinem Weg nicht weiterbringen. Transformation ist immer einschließend, da ist kein Verleugnen. Das wird in vielen regelbehafteten religiösen Organisationen sehr oft verwechselt. Transformation, Umwandlung ist etwas Tieferes und Höheres als einfach eines durch ein anderes zu ersetzen. Es geht überhaupt nicht darum, irgendetwas als positiv Angesehenes auf sich, so wie man eben ist, zu beziehen. Transformation ist das, was man von sich aus mit jeder Faser will, wenn man Einsicht gewonnen hat. Und damit ist auch schon gesagt, dass es Freiheit gibt, auch das bejahe ich absolut.

Freiheit, freier Wille, Schicksal

Viele Menschen denken: Entweder gibt es freien Willen oder es gibt Schicksal. In Wirklichkeit schließt sich das aber nicht aus. Die Frage des Entweder-oder ist das Missverständnis! Im Prinzip ist es ganz einfach: Es gibt

Dinge, die wir entscheiden können, und es gibt Dinge, die wir nicht entscheiden können. Es gibt Dinge, die in unserer Verantwortlichkeit liegen, und es gibt Dinge, die nicht in unserer Verantwortlichkeit liegen. Und das betrifft uns als Kollektiv genauso wie jeden Einzelnen.

Mir fällt hierzu ein Gleichnis von Jesus ein: Ein reicher Mann will auf Reisen gehen und übergibt seinen Knechten sein Vermögen. Er gibt jedem unterschiedlich viel, aber jedem sagt er: »Wenn ich zurück bin, zeigst du mir, was du daraus gemacht hast.« Wie viel jeder einzelne von diesen Knechten bekommt, das liegt nicht in seiner Hand. Aber was er daraus macht, das liegt in seiner Verantwortung.

Nicht jeder Mensch wird in der Lage sein, ein Mathematikstudium zu absolvieren. Dafür sind bestimmte Voraussetzungen nötig, die nicht in der Entscheidung des Individuums liegen. Da sind bestimmte Begabungen notwendig, die der eine hat und der andere nicht – das ist die Schicksalskomponente. Gleichzeitig ist aber, was du mit deinen Talenten anstellst, ob du sie nutzt oder verkümmern lässt, ob du dir nur Videos reinziehst oder auch mal ein gutes Buch liest, dann wiederum deine Verantwortung. Das ist ganz einfach.

Ich bin absolut nicht der Meinung, dass wir Marionetten sind. Oder dass alles im Vorhinein schon bestimmt ist und in irgendeinem großen Buch geschrieben steht – wer sollte das auch geschrieben haben? Mein Erfahren ist, dass die ganze Existenz in jedem Moment neu entsteht, eine ständige Kreation. Alle Teile unserer Existenz sind an der Kreation beteiligt. Je höher das Bewusstsein eines Wesens ist, umso größer ist seine Möglichkeit der Einflussnahme.

Ein Eichhörnchen nimmt auch Einfluss, indem es zum Beispiel im Herbst seine Nussnester anlegt und das eine oder andere dann über den Winter vergisst. Schließlich wachsen dann dort irgendwann Bäume. So nimmt es Einfluss darauf, was in der Landschaft wächst. Es nimmt Einfluss, wenn es ein Nest baut – dort ist dann ein Bauwerk, wo vorher keines war. Es erfreut vielleicht andere Wesen, uns Menschen. Aber sein Einfluss ist doch begrenzt und zudem recht unbewusst. Das Eichhörnchen legt die Nüsse nicht an einen Ort, *damit* dort im nächsten Jahr ein Baum wächst, sondern es trägt die Nüsse in der Hoffnung zusammen, sie im kalten Winter fressen zu können.

Bei uns Menschen ist das anders, wir können wählen, ob wir die Nüsse in ein Lager geben, wo sie gar nicht keimen können, weil wir die entsprechende Kühlung haben. Wir können sie aber auch in die Erde legen, weil wir an genau dieser Stelle einen neuen Walnussbaum wachsen sehen wollen. Wir haben viel mehr Entscheidungsmöglichkeiten als ein Tier. Und wir haben die Fähigkeit, eine Richtung anzudeuten. Eine Handvoll Nüsse kann ich in die Erde geben, um einen Baum wachsen zu lassen, damit ich irgendwann mehr Nüsse habe oder weil ich Schatten im Garten möchte oder weil es einfach schön ist. Wir können uns die Motivation überlegen: Warum will ich die Nüsse in den Boden geben? Auch das kann das Tier nicht. Ich kann dieselben Nüsse nehmen und einen Kuchen damit backen oder ich kann sie verschenken, das liegt an mir. Wir haben fantastische Möglichkeiten aufgrund einer relativ hoch entwickelten Bewusstseinsstufe. Intelligenz, Entscheidungsmöglichkeit, die Möglichkeit Erfahrungen zu sammeln, das ist in jedem von uns.

Eine Freundin von mir hat eine junge Katze und eines von deren Jungen in ihrem Haushalt. Die Mutterkatze ist nach ihrer ersten Mutterschaft sterilisiert worden und schaut nun ein Frühjahr später zu, was mit ihrer Tochter passiert, die rollig ist. Und das Erstaunliche ist: Sie kann überhaupt nicht verstehen, was da geschieht, obwohl sie es selbst erlebt hat. Aber weil sie es jetzt gerade nicht erlebt, denkt sie, dass es ihrem Jungen nicht gut geht, dass ihm etwas fehlt. Sie ist völlig nervös und kann sich offensichtlich nicht erinnern. Sie kann die Erfahrung, die sie gemacht hat, nicht nutzen. Während eine menschliche Frau beispielsweise, selbst wenn sie schon in den Wechseljahren ist, doch immer noch einem jungen Mädchen erklären kann, was Menstruation ist. Der Mensch hat so viele Möglichkeiten, selbst außerhalb von Transformation und Meditation. Es ist gigantisch, wenn man einfach das Potenzial betrachtet, das in jedem von uns steckt, wenn man sich die Kostbarkeit der menschlichen Geburt von dieser Seite aus bewusst macht.

Wenn man einem Menschen die Freiheit nimmt, sein Potenzial auszuleben, mit seinen Pfunden zu wuchern, sich auszurichten, sich für Transformation zu entscheiden, sein Leben zu gestalten, dann amputiert man dem Menschen etwas Wesentliches, man nimmt ihm die Entwicklungsmöglichkeiten. Zu sagen, alles geschieht von selbst, wir können ohnehin nichts machen und alles ist vorherbestimmt, hat manchmal, zumindest für einige Menschen, zunächst einen entspannenden Effekt. Ich drücke das so vorsichtig aus, denn es liegt auch eine Verlockung darin. Manchmal aber ist es für einige in bestimmten Phasen notwendig, sich zu entspannen, einfach weil sie extrem angespannt sind. Manche Menschen sind in einem inneren Karrieredenken gefangen, ihnen ist gar nicht unbedingt die äußere Karriere wichtig, aber die innere Entwicklung. Dabei sind sie oft sehr mit Schuldgefühlen beladen und gestresst von Gedanken, die wie Peitschenhiebe wirken: Ich muss besser sein, ich bin nicht gut genug, ich mach's nicht richtig. Vielleicht haben sie auch diese Spannung, dass sie die Kostbarkeit ihrer Existenz unbedingt und sofort richtig nutzen müssten. Solchen Menschen zu sagen: Entspanne dich erst mal, es läuft schon, das ist manchmal sehr hilfreich. Man darf dabei aber nicht stehen bleiben, denn es ist nicht die Wahrheit. Es wird vielleicht von manchen Lehrern als kurzfristiges Schmerzmittel oder notwendiges Muskelrelaxanz angewendet. Aber es ist nicht die Heilung und nicht die Wahrheit. Das ist wichtig. Wenn jemand das als *die* Wahrheit verkauft oder bezeichnet, ist das falsch.

Unsere Freiheit ist eine Verantwortung, die wir schon im Paradies hatten. Gott war unsere Freiheit so wichtig, dass er dafür einiges in Kauf nahm. Er hätte ja auch eine Welt schaffen können mit einem Menschen, der nicht in der Lage ist, vom Baum der Erkenntnis zu essen oder Nein zu sagen. Aber ihm war so wichtig, uns diese Möglichkeit des Nein zu geben, dass Gott den Tod seines Sohnes dafür hinnahm.

Wenn wir es in diesem biblischen Bild vom allwissenden Gott betrachten, dann können wir davon ausgehen, dass er ja schon im Paradies wissen musste, dass es ihn das Leben von Jesus kosten wird, den Menschen diese Freiheit zu geben. Der Existenz ist die Freiheit der Entscheidung im Menschen wichtig.

Und darin liegt auch die Antwort auf diese oft gestellte Frage: Warum lässt Gott zu, dass jemand so elend erkrankt oder dass es Krieg gibt?

Auf einer Seite ist es die Horizontale, die Veränderlichkeit des Lebens. Gott lässt natürlicherweise den Tod zu. Auf der anderen Seite stehen all die Schrecknisse, die wir als Menschen begehen: Diese liegen in unserer Verantwortlichkeit. Gott lässt sie nicht zu und er verhindert sie auch nicht. Weder lässt er sie zu, noch verhindert er sie. Das sind die Punkte, an denen wir als Menschen aus uns heraus, in unserer Freiheit Nein sagen. Hier missbrauchen wir unsere Freiheit, indem wir Nein sagen, indem wir uns für den Hass entscheiden anstatt für die Liebe. Wir nutzen unsere Freiheit gut, wenn wir uns für Liebe entscheiden.

Wenn es diese Freiheit nicht gäbe, wäre Transformation nicht möglich. Das Leben wäre dann ein ewiges Dahinplätschern in der Horizontalen. Evolution wäre nicht möglich, eine bewusste Evolution könnte es nicht geben. Es wäre keine Hingabe möglich, denn Hingabe kann ja nicht aus Zwang geschehen. Freiheit ist eine notwendige Voraussetzung für Hingabe. Ein Ja ist ja nur etwas wert, wenn man auch Nein sagen könnte.

Noch einmal zusammengefasst: Es gibt Dinge, die wir nicht entscheiden können, und es gibt Dinge, die wir entscheiden können und müssen. Es gibt bestimmte Voraussetzungen, die vorgegeben sind, und es ist unsere Sache, was wir daraus machen. Wir leben zum Beispiel auf dieser Kugel, diesem wunderschönen Planeten in diesem Weltraum und das ist vorgegeben. Ich kann nicht so tun, als würde ich auf einem anderen Planeten mit anderen Bedingungen leben. Gleichzeitig haben wir Verantwortung, was wir auf dieser Kugel im Weltall und was wir mit der Kugel machen, zwar nicht für alle Belange dieses Planeten, aber teilweise. Aufgrund unserer großen Möglichkeiten haben wir natürlich besonders viel Verantwortung, beispielsweise mehr als das Eichhörnchen.

Für mich besteht überhaupt kein Problem, kein Widerspruch zwischen Freiheit und Vorbestimmung. Ramana sagte: »Der Streit um Willensfreiheit und Schicksalszwang gilt nur für den, der um den Grund nicht weiß, der beider Wurzel ist. Wer das Selbst erkannt hat, einzig Wurzel und Grund von Freiheit und Schicksal, ist jenseits beider. Wie sollte er um sie streiten?«[23] Wer das Selbst kennt, für den existiert die Frage nicht. So geht es mir auch.

Und gleichzeitig: Je größer die Klarheit des Geistes wird, je größer die Bewusstheit wird, je weiter die Entwicklung eines Individuums ist, umso größer ist die Freiheit und immer simultan dazu auch die Verantwortlichkeit. Es gibt keine Freiheit ohne Verantwortung. Ein simples Beispiel ist die Werbung. Ein Mensch, der relativ einfältig ist, wird viel leichter von der Werbung manipuliert als ein Mensch, der ein bisschen klarer ist. Selbst in unserem Rechtssystem ist berücksichtigt, dass ein unbewusster Zustand zu Schuldunfähigkeit führt. So bekommt ein sehr extrem unbewusst handelnder Mensch mildernde Umstände wegen seiner Unzurechnungsfähigkeit, wenn er beispielsweise jemanden erschlagen hat, einfach weil er

23 Maharshi, Ramana: *Der Weg zum Selbst;* Seite 155

die Freiheit und deshalb auch die Verantwortlichkeit nicht hat. Auch Kinder sind bis zu einem gewissen Alter schuldunfähig, weil ihre geistige Entwicklung noch nicht so weit ist, dass sie die volle Verantwortung für ihr Tun tragen könnten. Je größer deine Kapazität, deine Klarheit und deine Freiheit sind, umso bewusster wirst du dann auch mit der Werbung umgehen. Du siehst einen Werbespot und denkst dir: Aha, so meinen die. Aber du wirst dann nicht mehr am nächsten Tag im Supermarkt aus unerfindlichen Gründen genau das beworbene Produkt aus dem Regal nehmen. In diesem Fall bist du derjenige, der auswählt und somit verantwortlich handelt.

Jeder hat die Freiheit, immer wieder zu entscheiden, worauf er seine Aufmerksamkeit richtet, und das eben nicht nur im Supermarkt, sondern in allen Belangen des Lebens und vor allem in der grundlegenden Ausrichtung des Lebens überhaupt. Jeder muss entscheiden, wohin er seine Energie und seine Zeit gibt. Darin liegt Freiheit, die entscheidende Freiheit. Und: Freiheit ist etwas Wunderbares, sie ist ihren Preis der Verantwortung wert.

Abenteuer auf dem weglosen Weg

Wenn ein Mensch anfängt, sich auf das Abenteuer des weglosen Weges einzulassen, dann können manchmal auch sehr abrupte Veränderungen im Außen passieren, die vielleicht zunächst erschrecken. Vor allem im Zusammensein mit anderen bleibt nichts so, wie es war. Mir selbst ist es beispielsweise so gegangen: Als ich Sannyas genommen habe, hat sich danach in kurzer Zeit mein komplettes Set an Freundschaften verändert, meine Ehe blieb bestehen und vielleicht noch ein oder zwei andere Bekanntschaften, Freundschaften. Mit allen anderen Freunden, die ich bis dahin hatte, gab es keine gemeinsamen Interessen mehr. Es war Liebe da, aber die Möglichkeit der Kommunikation war sehr eingeschränkt, denn das, was uns bis dahin gemeinsam interessiert hatte, war für mich nicht mehr so relevant oder wichtig, und ich hatte auch keine Lust mehr, mich damit zu befassen. Ich hatte die vertikale Dimension in mein Leben integriert und konnte nicht mehr nur über Horizontales reden, das langweilte mich. Und für die anderen Menschen wiederum war es langweilig mit mir, weil das, worüber ich reden konnte, nicht ihr Interesse war. Die Gefahr, plötzlich allein dazustehen, ist absolut real. Das geht ganz vielen Menschen so, zunächst. Wenn man anfängt, ernsthaft einen Weg zu gehen, wird sich an den Beziehungsmustern im Außen einiges verändern, einiges, was zuvor ganz normal erschien, wird nicht mehr gehen. Aber das macht nichts, denn es tauchen neue Freunde auf dem Weg auf, na ja, es ist einfach so.

Das ständige Erschrecken über das Entgleiten der Sicherheit, an die man bisher geglaubt hat, ist ein häufiges Phänomen. Und es betrifft nicht nur die Beziehungen. Es gibt einen schönen Satz im Psalm 31,9: »Du stellst meine Füße auf weiten Raum.« Die sind da sehr wohl gestellt, die Füße. Aber bis man dieses Gestelltsein im weiten Raum wirklich in der Tiefe erfahren kann, ist erst einmal das Erschrecken vor der Bodenlosigkeit. Und dann der Versuch, neue Zwischenböden einzuziehen in der Weite des Raumes. Das funktioniert nicht wirklich, die Verunsicherung ist unvermeidbar.

Gleichzeitig ist es die Herausforderung der Wahrheit und der vorbereitenden Übung des Nicht-Wissens (wir werden diese Übungen noch ansehen), dem ständig zu begegnen. Natürlich haben wir Erfahrungen und sollten diese auch nutzen. Wir können wohl intelligent sein und sollten dies auch nutzen. Wir können Information haben und sollten sie verwenden. Und gleichzeitig ist da Nicht-Wissen, denn niemand kennt zum Beispiel die Zukunft. Das verunsichert erst einmal. Aber diese Verunsicherung ist heilsam, wenn man sich darauf einlässt. Ich verstehe aber den Schrecken, der dabei ausgelöst werden kann.

Ein weiteres Gefühl, das auftauchen kann, wenn man schon mitten in den anfänglichen Abenteuern des weglosen Weges ist, ist der Eindruck, nicht mehr dazuzugehören.

Dann hörst du beispielsweise Radio und hast das Gefühl, dass die Leute, die diesen Sender machen, auf einem anderen Planeten leben als du. Da scheint es nichts zu geben, was euch verbindet. Und dann fühlst du dich vielleicht manchmal sehr einsam und denkst – so zumindest erzählen es mir Schüler –, dass der gesellschaftliche Common Sense mit dir selbst gar nichts mehr zu tun hat. Einerseits magst du das als eine natürliche Entwicklung, als Teil deines Transformationsprozesses ansehen, andererseits ist da aber dieses Gefühl, dass es doch die Gesellschaft ist, in der du nicht zufällig lebst, in die du gestellt wurdest, die Gesellschaft mit allem, was dazugehört, auch allen Radiosendern. Und wenn du diesen schmalen Grat so wahrnimmst, ist es doch schon sehr gut – es ist eben eine Gratwanderung.

Aber darin liegt auch eine Gefahr, die Gefahr der Minderwertigkeitsgefühle, aber auch die Gefahr der Überheblichkeit. Du fühlst dich auf einmal als Außenseiter und siehst das negativ oder überheblich, je nach Tagesstimmung. Und beides ist nicht richtig. Gesellschaft heißt ja eigentlich Kollektiv, bestehend aus vielen Individuen. Diesen besagten Common Sense, diese gemeinschaftliche Vereinbarung, was man als üblich und richtig ansieht, gibt es eigentlich gar nicht.

Ich habe den Eindruck, zwischen all diesen Individuen, die ein größeres oder kleineres Kollektiv bilden, eine Familie, ein Dorf, eine Stadt, einen Planeten, gibt es immer Überschneidungen und Bereiche, die keine Überschneidungen aufweisen. Bereiche, wo Common Sense herrscht, und Bereiche, wo keiner ist. Und je nachdem, wo du gerade den Fokus hast, nimmst du entweder einen Common Sense oder eben den Nicht-Common-Sense wahr. Aber eigentlich ist es beides und das war es immer schon.

Es mag Phasen geben, in denen du vielleicht stärker all das wahrnimmst, was nicht übereinstimmt. Das ist dein Fokus in dieser Zeit. Dennoch gibt es auch dann Gemeinsamkeiten: Du bist ein Mensch, du hast eine Nase wie alle anderen, brauchst etwas zu essen wie alle anderen, du zahlst Steuern wie alle anderen, bist wahrscheinlich krankenversichert wie alle anderen, du brauchst Zuwendung wie alle anderen, gibst Zuwendung wie alle anderen, du lebst in einem Haus wie alle anderen. Und angenommen du lebst nicht in einem Haus und bist nicht krankenversichert, dann brauchst du immer noch zu essen und hast eine Nase, brauchst Zuwendung und willst Zuwendung geben.

Ich glaube, der Common Sense ist unterm Strich viel einfacher und viel größer, als wir manchmal denken. Das, was uns verbindet, ist ja nicht die Mode oder das Auto oder diese Dinge. Das, was uns als Menschen verbindet, ist viel tiefer. Es ist nicht mal die Oberfläche im allgemeinen Denken. Und selbst da gibt es viele Gemeinsamkeiten: Auch du willst, dass die Welt schön ist, dass Kinder in die Schule gehen und etwas lernen – das wollen eigentlich alle. Wie weit du auch gegangen sein magst auf deinem Weg, es gibt immer noch genügend Bereiche, in denen du vollkommen verwurzelt bist in der Gemeinschaft, in deinem Denken, in deinem Fühlen und im Körper. Wichtig ist aber vor allem, sich weder besser noch schlechter als die anderen zu fühlen.

Die Wahrnehmung der Veränderungen bezogen auf die anderen hängt natürlich auch davon ab, was man zunächst als Gemeinsamkeit betrachtet hat. Wenn jemand in einer Gemeinschaft mit einem sehr starken Common Sense aufgewachsen ist, beispielsweise einer streng traditionellen und religiösen Dorfgemeinschaft oder in einem sozialistischen System wie der DDR, dann hatte dieser Mensch vielleicht immer den Eindruck, mit »den anderen« nicht viel gemein zu haben. Dieser Eindruck aber ist nicht richtig, denn er war gleichzeitig auch Mitglied der menschlichen Gemeinschaft. Oder wenn ein junger Mensch immer sehr darauf bedacht war, die gleiche Kleidung zu tragen wie alle anderen, immer *en vogue* zu sein, die gleichen Filme anzuschauen, die gleiche Musik zu hören, wenn das die Grundlage der Gemeinschaft gebildet hat und dann wegfällt, weil es ihn nicht mehr interessiert, dann entsteht natürlich der Eindruck, auf einmal nicht mehr dazuzugehören. In diesen Fällen liegt es aber dann mehr an dem großen Missverständnis vorher.

Ich glaube es ist wichtig, beide Seiten sein zu lassen: sich nicht völlig von der menschlichen Gesellschaft abzuschneiden, weil das aufgrund der wechselseitigen Bedingtheit gar nicht geht, und sich gleichzeitig nicht völlig irgendwelchen Meinungen oder Strömungen, Anpassungen, Regeln oder Moralvorschriften zu unterwerfen. Ich empfinde das Kollektiv inzwischen sehr stark.

Rinsai, ein Zen-Meister, spricht gern vom »wahren Menschen«; der Mensch auf dem Weg, der Mensch, der sich der Buddha-Natur nähert, das ist der wahre Mensch, kein Unmensch, kein Nichtmensch, kein herausgefallener Mensch, sondern ein hereingefallener – im besten Sinne des Wortes – Mensch, ein wahrer Mensch. Und sicher gibt es auf dem Weg Zeiten und Phasen, in denen es nötig ist, sich zurückzuziehen von der Gemeinschaft, von den anderen. Manche Menschen machen Retreats, für drei Monate, für drei Jahre. Andere wählen einfach in der Lebensform zurückgezogenere, stillere Zeiten mit wenig Kontakt und starker Introversion. Das ist als Phase sicherlich nötig auf dem Weg. Aber selbst in diesen Phasen ist die Gemeinschaft ja da.

Gleichzeitig gibt es ganz sicher Situationen oder auch Arbeitsplätze, in denen ein Mensch, der sich plötzlich verändert, der sich entwickelt, der nicht mehr mitschwimmt in dem Strom der Gleichmacherei, der auffällig wird, dann nicht mehr so gemocht wird. Damit muss man rechnen. Das berichten mir auch einige Schüler. In der Sannyas-Szene haben wir das »misfit« genannt, und Osho hat immer gesagt: Ihr sollt »misfit« sein, wenn ihr nicht reinpasst, dann passt es.

Ja, man muss ein wahrer Mensch werden und auch seine Individualität leben. Die ganze Anpassung, die einem ein Gefühl oder besser eine Illusion von Zugehörigkeit gibt, besteht ja darin, dass man die Oberfläche abschleift, alle Kanten entfernt und nur die Nischen lässt, die zu den Zapfen der anderen passen, damit sich alles wie ein Puzzle schön zusammenfügt. Die Individualität geht dabei zum allergrößten Teil verloren. Aber die Individualität ist für Transformation absolut notwendig. Es ist wichtig, sie überhaupt erst zu entwickeln.

Zum Teil wird sie einfach gefunden, wenn all die Muster und Konditionierungen wegfallen. Aber andererseits muss man sie auch wirklich von Grund auf entwickeln. Gurdijeff, ein sehr heftiger Meister am Anfang des 20. Jahrhunderts in Frankreich, sagte, der Mensch habe nicht von vornherein eine Seele, er müsse sie sich erst verdienen. Jeder habe die Anlage dazu, aber die ausgeprägte Seele müsse er sich erst verdienen.

Die Eigenheit, die Individualität zu entdecken und zu entwickeln ist notwendig auf dem Weg zur Einheit. Das kann man nicht umgehen. Manchmal gibt es Menschen, die sich vor der Eigenheit fürchten und die Weisheitslehren dann im Sinne eines inneren Missbrauchs benutzen, um der Entwicklung von Eigenheit zu entgehen – dann heißt es: »Wir sind sowieso alle eins« und sie versuchen, in der grauen Masse zu verschwinden, sie verleugnen ihr Strahlen und ihre Individualität. Das wäre wieder ein Daruntergehen und kein Darübergehen, kein Sich-Erheben. Man muss seine Individualität entdecken und entwickeln, unter Umständen muss man auf dem Weg zu Gott erst einmal ein ausgeprägtes Ego entwickeln – um dann darüber hinausgehen zu können. Das kann man nicht auslassen.

Ist es wirklich soo einfach?

Sich die Hand abhacken, den Kopf zum Abschlagen bereithalten, tagelang zitternd vor Kälte vor der Tür des Meisters sitzen. Das klingt nicht gerade einfach, aber zumindest ist es sehr konkret. Du magst dich fragen, wie du diese wirkliche Bereitschaft, die Kompromisslosigkeit in deinem Leben entwickeln und beweisen kannst – zwischen stressigem Arbeitsalltag, leerer Kasse, zwei kleinen Kindern und großen Träumen.

Das genau ist die Herausforderung und die Chance, genau das erfordert die wirkliche Transformation. Einfach zu sagen: Ich könnte ja schon spirituell oder meditativ sein, wenn ich endlich den ruhigen Platz finden würde, wo mich niemand stört – das ist eigentlich Vermeidung. Für die meisten Menschen geht es darum, Meditation im Alltag zu leben. Es geht darum, die große Stille einfach bestehen zu lassen, ob mit Kindern, ohne Kinder, mit Job, ohne Job, mit Geld oder ohne Geld. Es geht darum, inmitten all dieser alltäglichen Begebenheiten die Einsicht und die Ausrichtung nicht zu verlieren, sich nicht fressen zu lassen, sondern in Hingabe zu bleiben gegenüber dem, was nicht vergeht. Dann sind die Alltagsreibereien auch gar nicht mehr so wichtig, dann kann man mit größerer Leichtigkeit damit umgehen. Das ist nicht so einfach, auch wenn das eigentlich die Einfachheit ist.

Natürlich steht es für manche Menschen sicherlich an, in ein Kloster zu gehen, und einige von diesen wollen sich vielleicht davor drücken, indem sie sich immer wieder ins Alltagsgetümmel stürzen und die Meditation dort suchen – auch das ist dann Vermeidung. Aber das betrifft bei weitem nicht die Mehrzahl der Menschen.

Man kann mit spirituellen Inhalten immer auf zwei Arten umgehen: Man kann sie in die Horizontale einfügen, indem man ab und zu eine Meditation macht und einige spirituelle Bücher liest, das erleichtert ein bisschen das Leben, es erklärt einiges, man kann manches besser verstehen, die Vorgänge im Leben werden etwas klarer – alles wunderbar. Aber es bleibt in der Horizontalen. Und das betrifft neunzig Prozent der Religiosität. So geht man zum Beispiel in die Kirche, denn dort findet man Begleitung in allen wichtigen Krisenpunkten und Umschlagszeiten des Lebens: Geburt, Heirat, Tod, Krankheit, da gibt es Sakramente, es gibt Unterstützung, mit den natürlichen Veränderungen des Lebens umzugehen. Das ist oft sehr hilfreich, aber das ist noch nicht die Transformation, die zweite Art des Umgangs mit Spirituellem. So wird jedoch meist die Religiosität gelebt. Da erfordert es noch nicht, das Göttliche wirklich an den ersten Platz zu setzen, sondern es sind Angebote der Weisheit, die man für bestimmte Zwecke annimmt. Das betrifft natürlich nicht nur Kirchgänger, sondern auch die so genannte esoterische und spirituelle Szene.

Eine solche Art der Religiosität oder Esoterik schafft wieder neue scheinbare Sicherheiten. Der größte Teil des Esoterikmarktes läuft darauf hinaus, dort tröstende Zwischenböden einzuziehen, wo sich die große Unsicherheit auftut. Das bleibt alles in der Horizontalen. Echte Religiosität ist immer Herausforderung. Daran erkennt man sie beispielsweise auch: Sie ist immer gefährlich. Es geht darum Schalen zu sprengen, damit aus dem Samen ein Keimling und ein Baum werden kann.

Buddha, Osho, Jesus, sie waren unmöglich und unnormal, nicht in der Norm. Es ist aus der Sicht der Gesellschaft völlig verständlich, dass Jesus getötet wurde. Jesus würde auch heute gekreuzigt werden, so zumindest sieht es Dostojewski. Solche Meister erschüttern die Macht, denn die Machtstrukturen greifen nicht mehr, wenn Menschen zu sich selbst finden. Machtstrukturen greifen nicht mehr, wenn du keine Angst mehr hast. Machtstrukturen greifen nicht mehr, wenn du nicht gierig bist. Man kann dich nicht kaufen, man kann dir keine Angst mehr machen, man kann dich nicht erpressen und es gibt nichts, womit man dich locken könnte. Das ist für die Strukturen der Macht eine Katastrophe. Es ist für die Strukturen der Macht im Einzelnen eine Katastrophe, für die Strukturen der Macht innerhalb einer Familie und eines Freundeskreises, und für die Strukturen der Macht innerhalb der Gesellschaft.

Sicherlich schmerzen manche Veränderungen auf dem weglosen Weg. Solange du dich in den Außenbereichen, in den oberflächlicheren Schichten eines unangenehmen Gefühls bewegst, herrschen Verwirrung, Blindheit und Fluchttendenz. Aber wenn der Schmerz wirklich in vollkommener Bereitschaft und in aller Tiefe gefühlt wird, ohne dass du auf ein Ende wartest oder hoffst, dann findest du am Grund davon Klarheit. Sobald du Ja sagen kannst zu dem was ist, so schrecklich es in dem Moment auch sein mag, ist der Kampf vorbei. Das Leiden entsteht aus dem Widerstand, aus dem Kampf, aus dem: *Ich will es nicht so, wie es ist. Ich will es ändern. Ich will das nicht.* Das macht Leiden: Ablehnung von dem was ist; Haben-Wollen von dem was nicht ist, Nicht-Sehen was ist. Und daraus setzt sich das Ich, das Ego zusammen. Das Ego ist eine Fiktion, nur ein Gedanke, der versucht, verschiedene Teile – das Gebilde von Fleisch und Blut und Knochen, von Gefühlen, die kommen und gehen, und Gedanken, die kommen und gehen – zu kristallisieren zu einem Punkt, der dann sagt: »Ich«.

Geschickte Mittel – sind sie nötig?

Nachdem wir festgestellt haben, dass Transformation ansteht, ist natürlich die nächste Frage: wie? Das ist die Frage nach Werkzeugen. Und geschickte Mittel sind Werkzeuge. Also sind geschickte Mittel nötig.

Geschickte Mittel können ganz einfache Dinge sein, beispielsweise diese kleine Übung, die schon beschrieben wurde, bei der man sich vornimmt, Veränderung, Vergänglichkeit völlig ungeschminkt und direkt wahrzunehmen, im Geist, im Herz und im Körper, und mal nicht dagegen zu sein – das ist ein geschicktes Mittel. Oder Innehalten. Es gibt zum Beispiel die Meditation für Manager von Osho. Das ist etwas für jemanden, der sagt, er habe überhaupt keine Zeit. Er könnte zehn bis fünfzehn Mal am Tag an irgendeinem Punkt, egal ob er gerade telefoniert oder tippt oder einkauft, komplett innehalten und für ein paar Sekunden erstarren. Körper still, Geist still, keine Bewegung, egal, wie er gerade ist. Es ist eine einfache Stoppübung, die hilft, einmal einen Riss hineinzubekommen in das vermeintlich kontinuierliche Geschehen. Das ist ein geschicktes Mittel. Es gibt auch drastischere geschickte Mittel: Zum Beispiel schickte Buddha seine Jünger als Erstes immer auf die Verbrennungsplätze zum Meditieren, damit sie der Vergänglichkeit wirklich begegnen.

Der geschickten Mittel sind so viele und es braucht immer wieder verschiedene für bestimmte Begebenheiten, für das, was für den nächsten Schritt nötig ist. Du brauchst immer genau das geschickte Mittel für den einen Schritt, der jetzt ansteht. Es gibt nicht *ein* geschicktes Mittel für den ganzen Weg. Manche werden einen immer begleiten, zum Beispiel Meditation und Gebet. Aber es ist wie bei praktischen Arbeiten an einem Haus, da braucht man ja auch verschiedene Werkzeuge für verschiedene Tätigkeiten. Deshalb kann ich jetzt hier auch nicht auf geschickte Mittel im Einzelnen eingehen. Das sprengt die Möglichkeiten dieses Buches, weil ja eine Diagnose erfolgen muss und das braucht den Doktor vor Ort, beispielsweise den Lehrer im Satsang. Nur da kannst du herausfinden, was jetzt nötig ist. Und die Verordnungen werden oft ähnlich klingen, wenn du im Satsang bist. Dennoch wird es individuell und auf die Situation bezogen sein. Die geschickten Mittel wirst du auf jeden Fall brauchen.

Es geht im Übrigen auch nicht darum, dass man das geschickte Mittel *hat,* sondern es ist wichtig, dass man es dann auch anwendet. Das klingt banal, aber ich beobachte das ab und zu: Menschen fragen und bekommen eine

Antwort und dann frage ich nach ein paar Wochen nach und stelle fest, dass sie so glücklich darüber waren, dass sie eine Antwort hatten, dass sie sie gar nicht mehr genutzt haben. Das passiert immer wieder. Man bekommt ein Rezept – die Nennung eines geschickten Mittels ist wie ein Rezept –, das ist der erste Schritt. Dann aber muss man in die Apotheke gehen und das Medikament abholen, und es reicht auch noch nicht, dass man das Geld auf den Tisch gelegt hat, sondern man muss die Medizin auch nehmen. Es ist wichtig, das so zu sagen, denn es wird gern vergessen. Manchmal lesen Menschen viele Bücher über Meditation und sind ganz begeistert – aber sie setzen sich nicht hin. Das funktioniert nicht.

Die vorbereitenden Übungen

Die tibetische Tradition kennt eine Reihe von vorbereitenden Übungen, die am Anfang des Weges stehen sollten. Sie werden aber nicht erledigt, abgehakt und weggelegt, sondern bleiben immer ein wichtiger Begleiter, sie verlangen immer weitere Praxis. Natürlich musst du diese Übungen nicht absolviert haben, bevor du dich in einen Satsang trauen kannst. Ich gebe sie dir hier in einer nicht-traditionellen, sondern »pyarigen« Form als ein wertvolles geschicktes Mittel:

- Loslassen von Konzepten, Moralvorstellungen, Ideen. Sie mögen bequem sein, aber sie töten die Lebendigkeit, das Liebevolle, Respektvolle. Spuck dieses Gift aus und schau selbst, denke selbst, fühle selbst, erforsche.
- Die innere Bereitschaft, wirklich selbst zu »brennen«. Du brauchst dir kein Licht zu borgen, du brauchst dich nicht abhängig zu machen – du kannst dein eigenes Licht entzünden. Wie Buddha sagt: »Sei dir selbst ein Licht.« Im Satsang still zu sein ist leicht, da dort die Stille präsent ist. Was du spürst, ist dennoch deine Stille. Du bist eine Kerze, du hast einen Docht und wenn dei-

ne rückhaltlose Bereitschaft da ist zu brennen, dann wirst du entzündet werden.

~ Berührbarkeit, Offenheit. Ein offenes Herz – eine weiche Stelle, die berührbar ist in dir und wächst und wächst. Die Berührbarkeit lässt dein Herz in Dankbarkeit überfließen, auch wenn du das Risiko eingehst gesehen zu werden und auch gelegentlich Schmerz zu erfahren.

~ Bewusstheit über die Kostbarkeit und Chance der menschlichen Geburt. Hier entdeckst du das Potenzial, das dir gegeben ist und entwickelst immer stärkere Ausrichtung darauf, es zu entfalten.

~ Den Hintern hochkriegen, oder auf den Meditationssitz, je nachdem.

~ Ausrichtung, Entschlossenheit, Dringlichkeit, Rückhaltlosigkeit und Treue. Diese werden wachsen, je mehr sich dir die Kostbarkeit des Einen enthüllt.

~ Ehrlichkeit, Offenheit. Kein spirituelles Mäntelchen. Kein Sich-etwas-Vormachen, sondern direkte nackte Begegnung mit dem was ist – im Innen und Außen.

~ Die Bereitschaft, dazubleiben, nicht zu fliehen, sich nicht abzuwenden, sich nicht zu verstecken, was immer sich auch zeigen mag.

~ Die Bereitschaft immer am Anfang zu stehen und einen Schritt nach dem anderen zu tun. Immer ein Schritt von genau dem Punkt aus, an dem du stehst. Die vergangenen Schritte sind nicht mehr da, jeder Schritt, den du tust, ist der erste, so stehst du immer am Anfang. Dieser Anfang wird vielleicht weiser sein, tiefer, liebevoller – aber immer ein Anfang. Von da aus kannst du gehen, immer einen Schritt auf einmal.

~ Nicht-Wissen. Wissen verfestigt sich schnell zu Konzepten. Es ist das, was jemand anders sagte und was dann blind angenommen wird. Dabei geht es ja darum, dass du selbst erfährst, prüfst, erlebst, spürst – in jedem Moment neu. Und dabei eben auch das Nicht-Wissen aushältst, akzeptierst.

- Nicht immer um sich selbst kreisen. Nach und nach solltest du lernen, das Festhalten in Großzügigkeit zu verwandeln, die Eile in Geduld, den Zorn in Mitgefühl. Du wirst dann mehr und mehr aufhören in Ich und Ich und Ich zu denken und anfangen für das Ganze zu sein.
- Innehalten, still sein.
- Absichtslosigkeit. Ausrichtung bei gleichzeitiger Absichtslosigkeit. Hier keimen Hingabe und Geduld. Du sagst einfach: Okay, ich bin bereit, mit dem zu sein, was jetzt ist, ohne Wenn und Aber.
- Respekt und Dankbarkeit. Respekt vor dir, vor allen Wesen, vor der Erde, der Natur, diesem wunderbaren Netzwerk der Existenz und vor dem Mysterium, das kein Ende hat. Dieser Respekt drückt sich auch in konkretem Handeln aus.[24]

Wichtig dabei ist aber: Die vorbereitenden Übungen hören nie auf.

Meditation

Meditation wird immer da sein auf dem weglosen Weg. Im Alltag ist die Aufmerksamkeit häufig neben allem, was im Außen geschieht, auch noch auf all die Worte und Bilder und Gedanken gerichtet, die im Inneren ablaufen. Man ist völlig vertieft und gefangen in all dem, was da zu sehen, zu hören, zu denken ist. Tausend Dinge laufen ab – die meisten davon völlig unbewusst. Tausend Dinge zu wollen, zu sollen, zu wünschen, zu mögen, nicht zu mögen. Tausend Stimmen im Kopf, die miteinander diskutieren. Und dennoch: in Wahrheit ist gleichzeitig die Stille immer da, wie der unendliche Raum – du bemerkst sie nur nicht.

In Meditation richtest du die Aufmerksamkeit auf die Stille. Immer noch steigen zunächst Gedanken und Bilder

24 Entnommen aus: Troll, Pyar: *Bodhichitta;* Seite 14f.

und Gefühle auf. Du unterdrückst sie nicht, du lässt sie geschehen, aber du berührst sie nicht, du folgst ihnen nicht, du reitest nicht auf deinen Gedanken davon, du badest dich nicht in deinen Gefühlen. Sondern du sitzt still, lässt Gedanken kommen und gehen, lässt Gefühle kommen, fühlst sie, lässt sie gehen und bleibst still und unbewegt dabei. Bleibst ganz jetzt, ganz hier, ganz wach dabei. Und du beginnst den Raum zu bemerken, in dem all das geschieht. Du beginnst die Lücken zwischen den Gedanken, zwischen den Gefühlen zu bemerken, in denen die wahre Natur deines Geistes – die ursprüngliche spiegelgleiche Klarheit offen zutage tritt. Stille. Raum. Niemand da. Reines Beobachten, ohne jemanden der beobachtet. Nur Sein.

Jetzt versuche aber nicht die Lücken festzuhalten, die Stille festzuhalten. Denn kaum versuchst du das, ist da wieder jemand, der will, der strebt ... sind da die tausend Stimmen und tausend Dinge ... der Lärm beginnt von Neuem – wie in dieser Geschichte: Vier Zen-Schüler, die enge Freunde waren, versprachen einander, sieben Tage lang Schweigen zu bewahren. Am ersten Tag waren sie alle still. Ihre Meditation hatte Glück verheißend begonnen, aber als die Nacht kam und die Öllampen trübe wurden, konnte sich ein Schüler nicht zurückhalten, einem Diener zuzurufen: »Sieh nach den Lampen!« Der zweite Schüler war überrascht, den ersten reden zu hören. »Wir wollten doch kein Wort sprechen«, sagte er. »Ihr seid beide dumm. Warum redet ihr?«, fragte der dritte. »Ich bin der Einzige, der nicht gesprochen hat«, stellte der vierte Schüler fest.

Bleib da, ganz still und ohne Absicht. Das ist wichtig. Meditation ist absichtslos, will nirgends hin und fragt noch nicht mal nach dem Sinn. Und lass zu, dass der Duft der Meditation sich in deinem ganzen Leben ausbreitet. Beschränke Meditation nicht auf die Zeit, die du vielleicht still sitzt – lass Meditation dein ganzes Leben durchdringen in jedem Tun und jedem Nicht-Tun.

»Im unermesslichen Mandala des Raumes finden die vier Elemente leicht Platz. Sie alle finden Platz und doch bleibt immer noch Weite. Im leeren Mandala der Geistessenz finden Erscheinungen und Dasein, Götter und Dämonen leicht Platz. Sie alle finden Platz und doch bleibt immer noch Weite. In der leeren Geistessenz jenseits von Vorstellungen existieren weder Götter noch Dämonen. Welche magische Gaukelei ihr auch je vor mir entfaltet, ich lasse mich nicht im Geringsten rühren. Die Natur des Geistes könnt ihr niemals vernichten.«[25] Dieses wunderschöne Zitat von Padmasambhava ist eine Erinnerung und Meditation über Weite.

Das lässt sich in der Meditation ganz praktisch erfahren, in einem ersten Schritt: Wenn während des Sitzens irgendetwas erscheint, eine Empfindung, ein Gedanke, irgendetwas im Außen, dann tendiert der Geist dazu, sich darauf zu schrumpfen. Eigentlich ist da zum Beispiel nur eine kleine Fliege. Die macht irgendwo »zzzzzzz« und kitzelt vielleicht, wenn sie sich auf deine Stirn setzt. Nun macht sich der Geist so klein, dass nur noch die Fliege hineinpasst, er vergisst seine eigentliche Natur der Weite und Klarheit. Dann kannst du dich ganz bewusst erinnern: Da war doch noch was, irgendetwas gab es noch außer Fliege. Irgendwo muss die Fliege ja drin sein ... Du kannst untersuchen, ob die Welt jetzt nur noch aus Fliege besteht und der durch sie ausgelösten Sensation des Fühlens oder Hörens oder Sehens. Oder ob es da noch etwas gibt – in der Fliege, um die Fliege herum, unter der Fliege, hinter der Fliege, über der Fliege. Im direkten Überprüfen solltest du herausfinden, ob die Weite des Raums sich wirklich verliert, nur weil da eine Fliege auftaucht. Und genauso kannst du es mit den Gedanken machen. Taucht ein Gedanke auf, der deinen gesamten Geist einzunehmen scheint, dann gilt es zu prüfen: Gibt es noch etwas anderes außer diesem Gedanken? Ist die Welt verschwunden,

25 Tsogyal, Yeshe: *Der Lotosgeborene im Land des Schnees;* Seite 66f.

weil jetzt dieser Gedanke da ist? Prüfe es wirklich, geh nicht von vornherein von einer Antwort aus, erfahre es wirklich. Mit der Zeit und deiner Übung wird das Kreisen um das Auftauchen einzelner Erscheinungen in deinem Geist verschwinden, seien diese Erscheinungen angenehm oder unangenehm.

Meditation braucht Übung. Die Übung braucht es noch nicht einmal, um zu irgendeinem Satori zu kommen oder zu einer tiefen Einsicht. Satori, tiefe Einsicht in die letztendliche Wirklichkeit, das gehört in die Abteilung der plötzlichen Gegebenheiten. Es kann passieren, beim Spaziergang im Wald, beim Abspülen, beim Hofkehren, wobei auch immer. Es kann auch in der Meditation passieren, ist aber nicht an das Sitzen gebunden. Was Übung braucht ist, das zu verwurzeln und zum tragenden Element des Lebens zu machen, es zur Ausrichtung werden zu lassen, zu einer wirklichen Gewissheit. Es braucht Praxis, es nicht bei einer Episode zu belassen, sondern zu einer echten Zuversicht zu kommen.

Stille

Meditation heißt auch, in der Stille zu ruhen. Die Stille schließt nichts aus, kein Geräusch, noch nicht einmal Lärm. Sie ist der offene Raum, die Unendlichkeit, das Tao, in dem alles und aus dem alles entsteht und in den alles zurückkehrt im selben Moment. Wenn du bereit bist, auf die Stille selbst zu hören und nicht nur auf das, was in ihr erscheint, wenn du dir des unendlichen Raums bewusst bleibst und nicht nur die Phänomene des Innen und Außen wahrnimmst, die allesamt vergänglich, allesamt leer an eigener Substanz sind, dann stehst du in Staunen und Ehrfurcht da und erkennst dich als das, was immer ungetrennt war von der Unendlichkeit, von der Liebe, vom reinen Bewusst-Sein, von der wahren Natur des Geistes. Wenn du jedoch nur auf die Worte hörst, nicht auf die Quelle, aus der die Worte entsteigen, wenn du nur auf die Geräusche hörst, selbst wenn du nur auf die Töne einer Musik hörst, ohne die Stille, den Raum wahrzunehmen, die sie umgeben, umschließen, übersteigen, ermöglichen, die Stille, die war vor aller Zeit, die jetzt ist und immer sein wird, dann begrenzt du dich in Anhaftung und Verwicklung, Missverstehen und Verwirrung.

In der Meditation, mit wachsender Bewusstheit und wachsender Hingabe werden die Lücken im zuvor stetig erscheinenden Gedankenstrom mehr und mehr wahrnehmbar, und sie werden länger. In diesen Lücken zwischen den Gedanken dringt die Stille zunächst durch: Die Zeit steht still, der Raum ist unendlich, kein Ich, kein Ego ist mehr da in diesem Moment. Stille ist vollkommen rein und gleichzeitig vibrierend in Lebendigkeit. Sie hat nichts Dumpfes, nichts Totes an sich. Auch in Momenten der Ergriffenheit, des Staunens, der Schönheit oder auch des Schrecks bleibt der Verstand für einen Moment stehen, und ein Hauch der Göttlichkeit, die wir sind, wird erfahren. Der Verstand kann die Stille nicht hören, aber das Herz hört sie, wenn du deine Aufmerksamkeit von diesem ständigen Selbstgespräch weg und auf die Stille selbst ausrichtest. Dir eine Zeit der äußeren Stille zu erlauben, eine Zeit ohne Sprechen, kann sehr hilfreich sein. Wenn du nicht redest, kann auch der Geist sich mehr und mehr entspannen, und das innere Selbstgespräch der verschiedenen Teile des eigenen bewussten und unbewussten Verstandes, das ja normalerweise dieselben Geschichten wieder und wieder wiederholt, kann nachlassen. Du kannst durch dieses Tor der Stille eintreten und dich tiefer und tiefer sinken lassen. Dieser Raum von Stille, von Nicht-Verstand und Nicht-Ich wird mehr und mehr, oder besser: du sinkst tiefer und tiefer. Gleichzeitig werden in diesem Raum der Stille, der sich mehr und mehr auftut, Anhaftungen, Verwicklungen, Verblendungen, Ego, Identifikationen mehr und mehr sichtbar und erfahrbar, die bis dahin unter dem Lärm der Gedanken verborgen blieben. Sie lösen sich auf, wenn du bereit bist, vollkommen offen und rückhaltlos allen Gefühlen und Erfahrungen, die in diesem Raum aufsteigen, zu begegnen und dich der Schutzlosigkeit und Offenheit des unendlichen Raumes hinzugeben. Dann ist in jeder deiner Aktionen und Nicht-Aktionen, in deinem Tanzen und deinem Still-Sitzen, in deinem Sprechen und deinem Schweigen die Stille und der Frieden deines Seins präsent und wahrnehmbar wie ein Duft. Und gleichzeitig bleibst du ganz Mensch, ganz da, ganz präsent, ganz wach, ganz lebendig, ganz fühlend.

Du musst dabei auch bereit sein, die Qualität der Stille und Friedlichkeit in deinem Leben radikal umzusetzen, du musst bereit sein Anhaftung, Begehren, Hass und Verblendung auch tatsächlich im Leben aufzugeben und zu durchschneiden. Sonst gerätst du in eine neue Dualität, eine neue Pendelbewegung zwischen stillen Phasen und dann wieder gelebter Ego-Haftigkeit. Und das wäre neue Trennung, neue Gespaltenheit.

Tun und Geschehenlassen – Totalität

Viele Menschen befinden sich ständig unter Handlungszwang, manche tun immer irgendetwas, um ja keine Stille, keine Leere spüren zu müssen, andere stürzen sich aus dem Gefühl der Verantwortung für die Kostbarkeit ihres Menschseins in blinden Aktionismus. Auf der anderen Seite gibt es Menschen, die davon ausgehen, dass man alles nur geschehen lassen muss und eigentlich nichts tun kann – und sie tun dann auch nichts, überhaupt nichts. Beides kann nicht richtig sein. Wo aber liegt die gesunde Mitte zwischen Tun und Geschehenlassen?

Ein Bild hierzu ist der Acker: Du kannst den Acker pflügen und kannst Samen säen, kannst düngen und Unkraut jäten. Das ist die Aufgabe des Menschen, das ist notwendig. Das Wachsen der Frucht liegt jedoch nicht in unserer Hand. Es stimmt ja, dass die Tatsache dieser Kostbarkeit der menschlichen Geburt eine Verantwortung birgt. Und es ist wichtig, sich die Frage zu stellen: Wie nutze ich diese Kostbarkeit? Wenn du diese Verantwortlichkeit vollkommen leugnest, wirst du der Kostbarkeit nicht gerecht. Ebenso wenig, wenn du sie einfach vergeudest oder vertrödelst. Wenn du deswegen aber in Hektik oder in Angst oder in Schuldgefühle gerätst, dann wirst du ihr auch nicht gerecht – es ist wieder ein Grat, auf den wir hier geraten sind.

Die Verantwortlichkeit fordert eine klare Hierarchie, sie erfordert eine klare Antwort auf die Frage: Was ist mir wichtig im Leben? Worum geht es wirklich? Es gibt da eine schöne Geschichte von einem Professor, der mit einem Eimer in die Vorlesung kommt. Diesen Eimer füllt er bis oben hin mit großen Steinen. Dann fragt er die Studenten: »Ist der Eimer jetzt voll?« Und die Studenten sagen: »Ja, der Eimer ist voll.« »Moment mal«, sagt da der Professor und holt kleinere Steine, Kieselsteine herzu und füllt sie in den Eimer, in die Lücken zwischen den großen Steinen. »Seht ihr, die haben auch noch Platz. Ist der Eimer jetzt voll?« »Ja, jetzt ist er aber voll«, antworten die Studenten. Er aber nimmt einen Sack voll Sand und füllt ihn in den Eimer, er schüttelt ein bisschen und der Sand passt auch noch hinein. »Ist er jetzt voll?«, fragt er die Studenten und die sagen: »Ja, jetzt ist er wirklich voll.« Nun nimmt er eine Dose Bier und füllt das auch noch in den Eimer. Dann erklärt er seinen Studenten: »So ist es im Leben auch, zuerst muss man die großen Steine hineintun, die wichtigen Dinge, dann ist für die kleinen Sachen immer noch Platz. Wenn man erst das Bier reinkippt und den Sand, dann passen die großen Steine nicht mehr rein, dann kriegt man wahrscheinlich nicht einmal mehr Kieselsteine unter.«

Was dieser Professor seinen Studenten vermittelt, illustriert einen ersten Schritt, mit der Verantwortlichkeit, die aus der Kostbarkeit der Existenz folgt, umzugehen. Leider geben viele Menschen zuerst den Sand hinein, lauter Unwesentlichkeiten, die sich aneinander reiben. Doch was ist dann im Sterben, wenn sie zurückschauen?

Ich glaube es ist ganz gut, diesen Gedanken mit einfließen zu lassen, wenn es darum geht, den Tag, die Woche oder ein Jahr zu planen oder zu entscheiden, ob man ein Haus bauen will, ob die Beziehung so in der richtigen Weise gelebt wird und so weiter. Es lohnt zudem sehr, sich alles vom Moment des Sterbens aus anzusehen, das ist ein geschicktes Mittel. Und wie jedes geschickte Mittel solltest du es nicht zwanghaft und nicht ständig anwenden, irgendwann musst du den Hammer auch wieder weglegen. Aber es ist eine wunderbare Methode, die vieles relativiert oder an den richtigen Platz rückt. Vor allem kann sie dir dazu dienen, überhaupt erst einmal die großen Steine für deinen Lebenseimer zu finden. Vielleicht findest du sie auch aufgrund deiner Hingabe oder deiner Sehnsucht nach wirklichem Glück oder Erleuchtung, deinem Verlangen nach Befreiung vom Leiden. Oder aufgrund von Bodhichitta, dem erwachenden Mitgefühl und der sicherlich bald folgenden Erkenntnis: Ich kann überhaupt gar nicht helfen, wenn ich selbst nicht frei bin. Und daraus entsteht die Motivation: Ich muss erst frei sein, damit ich andere unterstützen kann.

Welche Steine ein Mensch als große Steine ansieht, das liegt natürlich in seiner Freiheit. Du kannst auch sagen: Mein größter Stein in meinem Leben ist es, wirklich reich zu werden, ich will 25 Millionen und eine Segelyacht und ein prachtvolles Haus. Das ist absolut legal, das kannst du machen, du behältst dennoch uneingeschränkt deinen Wert, deine Daseinsberechtigung – das sage ich, weil es immer wieder Menschen gibt, die die Möglichkeit, sich spirituell zu entwickeln, als Zwang ansehen, als etwas, das Gott von ihnen verlangen würde. Wenn Reichtum dein Ziel ist, dann verfolge das! Wenn dieser Wunsch nämlich dein eigentlicher ist und du nur etwas Spirituelles darüberdeckst, dann kann beides nicht funktionieren. Wenn du es aber als deinen größten Stein erkennst und deine Ausrichtung darauf richtest – und zwar natürlich so anständig wie möglich, ohne andere zu verletzen oder zu übervorteilen –, hast du die Chance, die Frustration darin zu erfahren, wenn du den Reichtum wirklich erlangt hast. Dann kannst du feststellen: Ich habe gedacht, das ist es, ich habe angenommen, der Reichtum bringt mir die Glückseligkeit, aber ich muss einsehen, dass es das doch nicht ist. Und dann wird dein weiterer Weg gerader sein. Es ist ganz wichtig, auch da wirklich ehrlich zu sein.

Wenn aber deine wirkliche Sehnsucht ist, nach Hause zu kommen oder Bodhichitta oder Befreiung, dann geh dafür. Aber wirklich und ohne Kompromisse! Dann lass das Geld nicht dazwischenkommen. Es muss eine Entscheidung getroffen werden. Jesus sagte: Wo dein Schatz ist, da wird auch dein Herz sein.

Wir haben Verantwortlichkeit dafür, wie wir den Eimer dieses Lebens füllen. Und alle Meister aller Zeiten sagen: die Wahrheit, das Mitgefühl, die Weisheit sind Nummer eins, sie sind die Priorität, und zwar nicht nur im Denken, sondern auch in der Praxis. Die Verantwortlichkeit besteht. Was geschult werden muss, ist der Umgang damit. Wie setze ich sie um? Man wird da immer Fehler machen und aus den Fehlern lernen, sofern die Motivation und die Ausrichtung in Ordnung sind. Wir lernen aus unseren Fehlern, sie sind eine wichtige Quelle unseres Lernens. Osho hat oft gesagt: Macht so viele Fehler wie möglich, aber bitte jeden nur einmal, dann habt ihr optimal gelernt.

Wenn du herausfindest, dass dein größter Stein Wahrheit heißt, Liebe, Mitgefühl oder Befreiung, dann wirst du vielleicht bald spüren, dass es gar nicht darum geht, etwas vom Leben zu bekommen, noch nicht mal die Wahrheit, die du erlangen könntest. Es geht vielmehr darum, dass du dich, dein Leben vollkommen in den Dienst der Weisheit, der Wahrheit stellst. Es geht darum, dass du dein Leben dafür gibst und nicht darum, dass du irgendetwas kriegst. Das gibt einen völlig anderen Geschmack. Und dann wird das Leben auch erfüllt sein, aber das ist dann sekundär.

Es gibt viele Menschen, für die Spiritualität oder Religiosität schon wichtig ist, aber sie kriegt sozusagen das Gästezimmer des Lebens oder den Hobbyraum im Haus. Sie steht nicht im Mittelpunkt. Es ist so als würden diese Menschen sagen: Das kriegen wir auch noch irgendwie unter neben all dem anderen. Da sind all die Dinge und dann ist noch ein bisschen Platz für Gott. Das funktioniert aber nicht.

Es geht um Totalität. Und natürlich hoffe ich, dass die Totalität, die ich zu vermitteln trachte, viele Menschen anzieht und sich viele Menschen von dem Feuer anstecken lassen. Es gibt Menschen, die diese Bereitschaft zur Totalität haben, und natürlich entwickelt sie sich auch im Satsang. Viele werden einfach angesteckt von der Totalität, die dort präsent ist, von der Liebe, die präsent ist, von der Stille. Dann fangen sie an oder sind noch mehr bereit, für diese Qualität einzustehen.

Totalität ist so etwas Schönes. Das Wort »Totalität« heißt eigentlich Gesundheit, es ist das Ganze. Total sein heißt ganz, heil sein. Es ist also nicht mehr so, dass dein rechter Arm dieses macht und der linke Arm jenes und dein Kopf ganz woanders hin will, sondern dein ganzes Wesen geht in eine Richtung – Totalität. Es ist dann nicht mehr diese Menschenmenge in deinem Kopf, bei der jeder etwas anderes will.

Gnade und Bemühen

Das Leben in der Totalität lässt auch keinen Raum mehr für die Frage nach dem Entweder-oder, dem Entweder-Tun-oder-Geschehenlassen. Das Erwachen geschieht aus Gnade, genau zur richtigen Zeit, in genau der richtigen Weise. Ramana sagt: »Kein wahrhaftes Erkennen ohne Gnade und keine Gnade, die wirksam wäre, wo kein Bemühen um Erkenntnis ist. Beide bedürfen einander.«[26]

26 Maharshi, Ramana: *Der Weg zum Selbst;* Seite 112.

Das bringt es auf den Punkt, auch da ist es nicht das Entweder-oder, beides muss zusammenkommen. Mein Erfahren ist: Die Gnade ist immer da, sie wartet bloß. Gnade ist nicht wie eine Lotterie, in der ein Los gezogen wird und dann gewinnt der eine oder andere die Erleuchtung. Die Gnade ist immer vorhanden, unser Bemühen macht in diesem Prozess vielleicht 51 Prozent aus, also ein bisschen mehr als 50 Prozent, einfach deshalb, weil Gott sich nicht entwickeln muss. Er wartet die ganze Zeit. Machst du einen Schritt auf Gott zu, dann macht er 99 auf dich zu, aber der eine Schritt von dir, das sind 51 Prozent.

Die Gnade ist so hilflos ohne uns, wenn wir uns ihr nicht öffnen. Sie wartet auf das bisschen Bemühen, das von unserer Seite aus nötig ist. Sie kann nichts ausrichten ohne dieses Bemühen. Den Begriff der Gnade richtig zu verstehen, ist ganz wichtig; es ist kein Auswahlverfahren, keine Lotterie. Es ist der Segen, der immer zur Verfügung steht.

Eine Zen-Geschichte illustriert sehr schön, worum es in unserem Bemühen geht. Ein Schüler fragt seinen Meister: Wenn in uns allen Buddha-Natur ist, wenn wir alle Buddha-Natur sind, warum müssen wir dann so viel üben? Das fragt wohlgemerkt ein Zen-Schüler, der Stunden und Stunden und Tage und Wochen in der Meditationshalle sitzt und sich die Knochen verrenkt. Und der Meister antwortet: Es ist so wie bei einem Menschen, der in seiner Manteltasche eine Hand voll Diamanten hat, es aber nicht weiß. Das ganze Meditieren und Üben dient dazu, dass er endlich die Hand in die Tasche steckt, die Diamanten herausnimmt und feststellt, dass er sie besitzt. Es geht also nicht darum, Diamanten zu bekommen, sondern darum, sie zu entdecken, zu entdecken, dass sie da sind. Ein anderer Meister hat mal gesagt: »Meditation dient nicht dazu, die Buddha-Natur zu erlangen, sondern sie dient dazu, sie auszudrücken.« Das ist sehr schön.

All die Übungen, die Meditation, die Achtsamkeit sind nötig, um Platz zu schaffen. Ein Mensch begibt sich auf die Suche. Am Ende erkennt er, dass er schon da war, wo er hinwollte, dass er schon immer das war, was er suchte. Vorbereitung ist nötig, um ihn bereit und willens zu machen, alles loszulassen. Restlos alles. Er könnte *jetzt*, in diesem Moment, diesen Jemand, der er zu sein glaubt, loslassen. Und sein, wer er wirklich ist. Das Einzige, was zu tun ist, ist zu sehen, zu erkennen, vielleicht zu erinnern, was bereits der Fall ist. Also wie könntest du dich darauf vorbereiten zu sein? Sei einfach! Sei einfach glücklich, ohne Grund![27]

Es ist also wieder beides: die Notwendigkeit von Praxis, Vorbereitung und Disziplin und gleichzeitig die Wahrheit der Buddha-Natur, die immer schon präsent war als dein Wesen.

Die Welt gestalten – Wahn oder Wahrheit?

Viele Theorien laufen darauf hinaus, uns beweisen zu wollen, dass wir die Welt erschaffen und nach unserem Willen gestalten. Das stimmt so nicht, es ist aber ein weit verbreitetes Missverständnis in der Szene. Und es ist deshalb so leicht, sich daran festzuklammern, weil ein Teil davon stimmt. Es gibt nicht wenige Menschen, die meinen, dass wir uns aus dem Geist heraus alles erschaffen. In dem Film *What the Bleep do we (k)now* wird zum Beispiel ein Mann vorgestellt, der sagt, dass er sich jeden Morgen seinen Tag erschafft, er geht morgens Punkt für Punkt durch, was er gerne hätte, dass es passiert. Und es gibt einige, die an dieses *positive thinking* glauben. Wenn das übertrieben wird, ist es keine sinnvolle Richtung. Es ist sogar ziemlich arrogant, muss ich sagen, es ist eine maßlose Übertreibung der menschlichen Freiheit. Man kann ja immer nur das aktiv »in sein Leben ziehen«, wie es dann heißt, was man sich in seinem kleinen Geist zuvor vorstellen konnte. Das macht es eng und äußerst beschränkt.

27 Siehe auch Troll, Pyar: *Reise ins Nichts*

Und dann behaupten diese Menschen, sie würden die Welt erschaffen, von der sie ja nicht einmal mehr als einen Bruchteil wahrnehmen können, und diesen noch verschleiert durch ihre Projektionen.

Was begegnet uns hier? Auf der einen Seite das Missverständnis, wir könnten gar nicht handeln, und auf der andern Seite die Idee, wir würden die Welt in unserem Geist erschaffen. Beide dieser falschen Ideen kursieren in der esoterischen Szene und verursachen miteinander ein großes Durcheinander. Das führt bei manchen auch zu einer Art Lähmung, sie stecken fest zwischen: Soll ich jetzt oder nicht, können wir oder eigentlich doch nicht? Dabei ist die Wahrheit ja ganz einfach, unspektakulär einfach. So einfach, dass sie nicht wahrgenommen wird! Sie ist wie immer in der Mitte zu finden:

Nehmen wir an, zwei Menschen kommen an einen Ort in den Bergen. Da ist ein Dorf mit Kirchturm, Wirtshaus, Anwesen, wie das halt so ist. Und der eine Mensch hat an einem ähnlichen oder sogar demselben Ort seine erste große Liebe erlebt, eine Urlaubsbekanntschaft mit 16. Der andere Mensch hat in einem Ort dieser Art seine Frau verloren, sie ist dort beim Bergsteigen abgestürzt und gestorben. Diese beiden Menschen werden, wenn sie noch immer emotional in diese Ereignisse verwickelt sind, diesen Ort, die Atmosphäre, die Gerüche, das Glockenläuten völlig unterschiedlich interpretieren und in ihre Verknüpfung einfügen. Das ist die Illusion, die sie sich erschaffen, das Hinzugefügte. Aber keiner von beiden erschafft den Kirchturm, der war schon vorher da und wird immer noch da sein, wenn die beiden abreisen.

Die Dinge sind da. Was wir ihnen hinzufügen ist eine Art Geschmack, der durch die Ablehnung oder das Begehren kommt, die mit bestimmten Gegebenheiten und Dingen verknüpft werden. So verknüpfst du irgendein Ding mit einer angenehmen Sache und ein anderer Mensch hat dasselbe Ding in seinem Kopf mit einer unangenehmen Sache verknüpft, dann werdet ihr beide es natürlich vollkommen unterschiedlich wahrnehmen, ihr werdet Unterschiedliches erfahren und empfinden im Wahrnehmen derselben Sache. Nur das ist der Part, den wir im Geiste dazuerschaffen. Aber wir erschaffen nicht die Sache. Jeder Tisch, jede Blume, jeder Marienkäfer, jeder Kater, jeder Mensch hat seine eigene Existenzberechtigung und sein eigenes Dasein aus sich und aus dem Göttlichen heraus. Keines davon wird in unserem menschlichen Geist erschaffen.

Was hier oft als Argument herangezogen wird, ist die Aussage Buddhas, dass alles Entstandene Illusion ist, dass alle zusammengesetzten Phänomene Illusion sind, oder auch der Satz: Alles ist Leerheit. Was Buddha hier meint, wird aber meistens völlig falsch verstanden. Es heißt einfach: Es ist nicht ganz so, wie du im Allgemeinen annimmst, dass es ist.

Du kannst das Buch im Folgenden immer mal wieder weglegen und dich umschauen. Vielleicht siehst du draußen einen Baum, den du dir genauer anschauen magst. Was kannst du feststellen? Der Baum ist nicht stabil, er hat irgendwann angefangen und er wird irgendwann aufhören zu sein. Er ist auch jetzt nicht stabil, sondern in ständiger Bewegung und Veränderung. Er ist nicht ein Ganzes, sondern ein Zusammengesetztes. Er steht nicht für sich, er kann nicht aus sich heraus existieren, sondern nur aufgrund von Beziehungen mit allem anderen. Die zusammengesetzten Phänomene haben keine Eigenständigkeit und keine Dauer. Du kannst nicht einmal sagen, was denn das Baumhafte an diesem Baum ist. Dass er grün ist vielleicht, aber viele andere Dinge sind auch grün und ein anderer Baum ist im Moment gerade nicht grün. Dass er einen Stamm hat, aber der ist wieder nur etwas Zusammengesetztes, der Stamm besteht aus Wasser und Holz und noch kleineren Dingen. Das ist es nicht, was den Baum wirklich ausmacht. Wenn du so immer weiter zurückgehst, kannst du feststellen: Du findest nicht wirklich den Baum im Baum. Aber trotzdem ist der Baum da. Du verknüpfst alles Mögliche miteinander, aber der Baum ist da, den kannst du nicht wegzaubern. Und wenn du weg bist, ist er immer noch da. Selbst wenn alle Menschen weg wären, ist er immer noch da. Vielleicht hätte er dann sogar größere Chancen, denn Menschen haben manchmal Kettensägen.

Und genauso ist es, wenn du fragst: Wer bin ich? Je mehr du das fragst, umso weniger kannst du finden. Der Körper kann es nicht wirklich sein, weil er sich dauernd verändert. Die Gedanken sind noch veränderlicher, die Gefühle sind sehr unbeständig und so weiter. Es dauert seine Zeit, bis du das wahre Selbst, das Ich-Ich findest, das sich aber nicht definieren lässt. Und deshalb sprechen östliche Weise von der Leerheit. Leere heißt *nicht* Vakuum, sondern besagt, dass etwas keine eigenständige Existenz hat, nicht unabhängig, nicht unabänderlich ist, sondern in einem ständigen Fluss von Beziehungen, es ist abhängig und zusammengesetzt. Und gleichzeitig ist es eine absolute Individualität. Den Baum, den du vielleicht angeschaut hast, wird es so, wie er ist, nie wieder geben. Er hat seine eigene Würde, seine eigene Individualität. Was hast du erlebt, während du den Baum betrachtet hast? Während alles, was es an vorgefertigten Definitionen gab, von ihm – oder eigentlich von dir und deiner Wahrnehmung – abgefallen ist? Wie war es, plötzlich wirklich mit ihm in Beziehung zu sein?

Das Lachen ist viel lauter, wenn man versteht, was wirklich mit Leerheit gemeint ist, das Lachen wird tiefer, die Liebe wird größer und der Respekt, die Freude und auch die Möglichkeit in Beziehung zu sein. Du spürst dann sofort, wie wechselseitig alles ist. Du könntest jetzt in dem Moment, in der Art jetzt gerade nicht so sein, wie du bist, wenn dieser Baum nicht wäre. Denn der Baum hat dir geholfen zu verstehen. Du hättest auch etwas anderes nehmen können, aber so wie du jetzt bist, bist du auch durch diesen Baum.

Es kann nichts herausfallen aus diesem ganzen Netz. Aber es ist interessant, wenn man sich vorzustellen versucht, wie es wäre, wenn ein Steinchen fehlen würde. Dann würde das Ganze auseinander fliegen, das ganze Universum würde sich zerstreuen, auflösen. Es ist gar nicht einfach, aber es ist faszinierend, diese Vorstellung zu probieren, weil man dann lernt zu verstehen warum Buddha sagt: Nichts kann existieren ohne alles andere.

Motivation

Menschen fragen mich immer wieder, woher ich die Motivation zum Tun nehme, da das Ego ja verschwunden ist, warum ich also nicht nur in der Ecke sitze, sondern höchst aktiv bin. Mir geht es jetzt so damit: Mein Tun erfolgt aus sich selbst heraus, die alte selbstbezogene zielorientierte Motivation ist verschwunden. Was dafür sehr stark geworden ist, ist Mitgefühl und das ist eine andere Motivation. Da ist einerseits dieses Tun aus sich selbst heraus, man tut einfach, was zu tun ist, und es ist zudem eine sehr tiefe Motivation des Mitgefühls vorhanden. Wenn ich jetzt zum Beispiel an unser Bodhitree-Projekt[28] denke, bei dem wir an die praktische Umsetzung von Weisheit und Mitgefühl gehen, an die Initiierung von sozialen und ökologischen Projekten, dann könnte ich nicht sagen, dass mir die Resultate vollkommen egal sind. Ich bin völlig bereit, dass das Ganze scheitert. Das ist gleichzeitig da. Aber ich möchte natürlich schon, dass dabei etwas herauskommt. Es geht mir dabei nicht darum, irgendetwas für mich zu erreichen. Ich merke einfach, dass in den letzten Jahren das Mitgefühl als Motivation viel stärker geworden ist. Und ich würde schon gern etwas ändern. Wenn ich zum Beispiel sage, es wäre mir eine Herzensangelegenheit, wenn ein Projekt entstünde, das die Meditation zu den Menschen bringt, dann möchte ich ja

28 Nähere Informationen unter: *www.bodhitree.net*

etwas ändern. Es wäre Unsinn, das zu leugnen. Vermeiden will ich nichts und bekommen will ich auch nichts. Aber manche Dinge, die ich in unserem menschlichen Sein und Zusammenleben beobachte und erfahre, wecken in mir die Motivation, zur Veränderung beitragen zu wollen. Ich fände es schön, wenn Vereinsamung weniger werden würde, ich fände es schön, wenn Verschwendung weniger werden würde, ich fände es schön, wenn Ungerechtigkeit weniger werden würde. Und wenn es möglich sein sollte, etwas dazu beizutragen, dann immer von Herzen gern. Ich bin voll dabei!

Gleichzeitig ist es ein Schwimmen ohne Kampf und Widerstand, so wie der Fluss des Lebens es bestimmt. Alles geschieht mit solcher Freude. Und es ist Freiheit. Es ist eine Freude, ein Tanz, der im Moment geschieht. Was geschieht, geschieht im Jetzt, ich baue aber auf Erfahrung auf, die aus der Vergangenheit kommt, und es hat eine Richtung in der Zeit.

Die Freude der Gratwanderung

Wo du auch hinschaust, der weglose Weg ist immer wieder eine Gratwanderung. So ist es beispielsweise die Gratwanderung zwischen Tun und Geschehenlassen, wie wir gesehen haben. Es geht also nicht um Aktionismus aus dem Gefühl heraus, dass man sich um alles kümmern muss, alles regeln und nach eigener Vorstellung verändern muss, sondern es ist ein Akzeptieren dessen, was ist, ohne Wünsche und Hoffnungen – aber eben auch keine Resignation.

Es ist die Gratwanderung zwischen dem Sein in der Außenwelt und dem Sein im Inneren. Zwischen Prüfung des Lehrers und dann aber völliger Hingabe. Zwischen gelebter Verantwortlichkeit für die eigene kostbare Existenz und Gelassenheit, Entspanntheit. Zwischen der Bewusstheit der Vergänglichkeit und großer Geduld. Und so weiter und so weiter.

Grate tauchen überall und immer wieder auf. Und während du auf deinem weglosen Weg voranschreitest, oder tanzt, werden sie schmaler. Aber vergiss nicht: Es macht Spaß, so eine Gratwanderung hat nichts Verbissenes. Wenn wir auf dem Grat sind, wissen wir, dass wir richtig sind, weil da die Mitte ist. Und er hat diese Schärfe, die der Wirklichkeit zu Eigen ist. Und der Gang darauf hat Leichtigkeit und Freude. Ja, es ist Freude auf dem Grat zu wandeln, trotz der Möglichkeit rechts oder links abzustürzen. Immer wenn wir nicht Entweder-oder denken, landen wir auf so einem Grat, in der goldenen Mitte.

Früchte auf dem weglosen Weg

Der weglose Weg hält dem, der ihn geht, dem, der sich wieder und wieder in die Stille, in Meditation, in Satsang begibt, viele süße Früchte bereit. Von einigen kann ich dir hier einen Geschmack geben, es kann aber nicht mehr als diese winzige Kostprobe sein. Sie richtig zu erfahren und zu schmecken und zu genießen und auszuleben – das kann dir nur dein eigener Weg bescheren.

Was ist Glück? Und wie erfährt man es?

»Deine wahre Natur ist es, glücklich zu sein; es ist daher nicht falsch, nach diesem Zustand zu streben. Falsch ist nur, das Glück außen zu suchen, denn es ist innen.« So sagt es Ramana Maharshi.

Jeder Mensch kennt Glück. Allerdings verbinden die meisten Menschen Glück mit einem bestimmten Umstand im Außen oder einem bestimmten Zustand im Innen. Das ist auch der Grund, warum Glück für die meisten Menschen nicht dauerhaft erfahrbar ist. Sobald der äußere Umstand oder der innere Zustand sich ändern – husch, ist das Glück weg. Das liegt aber nicht am Glück, sondern an der falschen Verknüpfung. Wie Ramana sagt, ist Glück unsere wahre Natur. Und unsere wahre Natur kann nicht von bestimmten Umständen oder Zuständen abhängig sein. Nein, sie *ist,* permanent.

Manchmal spreche ich von kleinem Glück und vom großen Glück. Unter kleinem Glück verstehe ich diese

Glücksmomente oder Glückstage oder -stunden, die im Erfahren eines Individuums aufgrund glücklicher Zu- und Umstände auftauchen. Diese »kleinen Glücks« sind wie die Widerspiegelungen des großen Glücks in einem kleinen Glassplitter. Das Problem ist, dass die Menschen dann auf den Glassplitter starren und hoffen, diesen Splitter festhalten zu können, sich dabei eventuell noch die Hand zerschneiden und nicht wahrnehmen, wo das Licht wirklich herkommt. Dazu bräuchte es natürlich eine Wendung. Das große Glück wäre in diesem Bild vergleichbar mit der Sonne, von der das Licht kommt, das sich in dem kleinen Splitter spiegelt. Solange du aber an dem kleinen Splitter und der Reflexion des Glücks in dem Splitter festhältst, wirst du dich nicht umdrehen und dem großen Glück nicht ins Auge sehen.

Was folgt daraus? Du hast zwei Möglichkeiten: Du kannst entweder in deinem Leben von kleinem Glück zu kleinem Unglück zu kleinem Glück zu kleinem Unglück springen, im Auf und Nieder, immer wieder Hoffnung und Verzweiflung erfahrend. Das ist völlig okay, wenn du das willst. Dann solltest du aber nicht jammern, denn es ist dein Wunsch. Die andere Möglichkeit ist, die Quelle von Glück zu entdecken. So wie die Dinge nun mal sind, hat alles seinen Preis. Und der Preis hier ist, das Festhalten an den Splittern, an den Umständen und Zuständen aufzugeben. Das Erfahren von Glückseligkeit oder permanenter Friedlichkeit oder der Zustand der Befreiung von Leiden erfordert, sich von Anhaftungen jeglicher Art zu lösen.

Paradoxerweise ist es also notwendig, vom kleinen Glück zu lassen, um wirklich großes Glück zu erfahren, weil das kleine Glück immer das kleine Unglück nach sich zieht und gleichzeitig verhindert, dass du dich umwendest, um der Quelle von Glück zu begegnen. Deshalb sagt Ramana, es sei falsch, das Glück im Außen zu suchen. Wobei Ramana mit »Innen« sehr weit innen meint. Eine Wallung von Emotionen ist für Ramana immer noch außen.

Bevor man erwacht ist, gibt es kein Glück ohne Unglück. Es gibt Momente von Glück, von denen man dann hofft, dass sie bleiben mögen. In diesem Festhalten steckt bereits das Unglück. Du kannst es nicht festhalten, es geht nicht. Das kleine Glück ist ein bisschen wie eine Pause im Leiden. Da die meisten Menschen in großen Verschleierungen leben, sind diese Pausen sehr gut und wichtig; wenn es diese Pausen nicht gäbe, dann wäre das ja ein Leben im höllischen Bereich. Es ist sogar mehr als eine Pause, denn das kleine Glück ist tatsächlich die Widerspiegelung des großen Glücks. In diesem kleinen Glück, was einem da ab und zu begegnet, ist natürlich die prinzipielle Qualität von großem Glück enthalten, aber eben nur in der Spiegelung. Deshalb ist in jedem Moment, wenn du genau schaust, auch das Erkennen möglich.

Das Ego ist es, das Menschen verführt, ihr kleines Glück festhalten zu wollen, es führt zu den falschen Verknüpfungen, die jemanden zum Beispiel sagen lassen: Mein Glück kommt daher, dass ich ein neues Auto oder mich verliebt habe. Was erfahren wird ist vielleicht, dass die Anspannung nachlässt – allerdings nicht lange. Das kleine Glück ist einfach Teil der Horizontalen, so ist der Lauf der Dinge. Das große Glück ist in der Vertikalen zu finden.

Ein anderes Missverständnis von Glück liegt in einer falsch verstandenen Vertikalen, diesem Schweben über den Dingen, diesem Gesäusel: »Mich geht das alles nichts an, mich interessiert das alles gar nicht mehr.« Es findet sich auch in einer Pseudoheiligkeit, die manchmal zu beobachten ist. Das ist eine Haltung, aus der heraus man meint, dass die kleinen Dinge gar nicht mehr wichtig wären. Dann aber ist man auf der anderen Seite des Grates heruntergefallen. Auch für einen Buddha gibt es angenehme und unangenehme Erfahrungen. Wenn ich beispielsweise im Frühling die ersten Tulpen sehe, dann freue ich mich sehr, das ist ein extra Glückskick. Da ist kein Festhalten-Wollen dabei. Dieses grundlegende Glücklichsein ist unverändert immer da, in dem Moment, in dem ich Tulpen bewundere oder einen Vogel singen höre oder schöne Dinge passieren, ebenso wie in schmerzvollen Momenten. Wenn du einen Moment des bedingungslosen Glücks erlebst, kann das das kleine Glück der Horizontalen sein. Es kann aber auch ein Aufblitzen von Realität sein, ein Loslassen.

Viele Menschen sehen ihr Leben als einen Wechsel von Glück und Unglück, in manchem Leben überwiegt das Glück, im anderen das Unglück. Da sie das grundlegende, das große Glück nicht kennen, stellt sich natürlich die Frage: Warum bin ich immer wieder unglücklich? Oder: Warum bin ich jetzt glücklich? Was könnte ich im Außen tun, um mehr Glück zu haben? Diese Fragen tauchen nur auf, weil diese Menschen das, wovon auch Ramana spricht, nicht sehen. Doch aus diesen falschen Fragen ergeben sich dann natürlich viele falsche Antworten, die auch in der esoterischen Szene anzutreffen sind, die aber zum Teil viel älter sind.

Es gibt immer wieder die Annahme: Wenn ich glücklich bin, ist das ein Beweis dafür, dass ich gottgefällig bin. Und wenn ich Unglück habe, Geld verliere, den Partner verliere oder krank werde, dann bedeutet das, dass ich nicht gottgefällig bin. Hier werden die äußeren Umstände als Kriterium für Gottgefälligkeit herangezogen. Das ist natürlich völlig absurd, aber es sitzt tief in vielen Menschen. Und gerade auch in der esoterisch-spirituellen Szene gibt es solche Sätze wie: Wenn ein Geschäft gut läuft, ist das ein Zeichen dafür, dass die Existenz das möchte und unterstützt. Wenn es schlecht läuft, ist es ein Zeichen dafür, dass die Existenz dagegen ist. Das sehe ich nicht so. Ein Beispiel dafür ist Jesus – absolutes Scheitern auf der ganzen Linie, ein übleres Ende kann man sich nicht vorstellen: Alle Freunde sind weggelaufen, er wurde zum Tode verurteilt, verhöhnt, gepeinigt und getötet. Soll man daraus schlussfolgern, dass Jesus und sein Sein auf der Erde nicht im Sinne der Existenz, nicht im Sinne Gottes war?[29] Solche Ideen führen auch zu einer Art Glückszwang, der sehr einschränkend wirkt. Du hast ein Recht, Glück zu erfahren und auch ein Recht, Schmerz zu erfahren. Erst wenn die Bewertung, die auf äußerem Glück beziehungsweise Nicht-Glück liegt, wegfällt, hast du überhaupt die Möglichkeit, auch im äußeren Unglück Glück zu erfahren und zum Erleben des großen Glücks zu gelangen.

Was ist Freiheit? Und wie erlangt man sie?

An früherer Stelle konntest du bereits einiges über Freiheit als etwas dem Menschen unbedingt Zugehöriges lesen, etwas, womit Gott uns unter allen Umständen ausgestattet wissen will. Freier Wille, Entscheidungsfreiheit, die Freiheit, auch Nein sagen zu können, die das Ja erst wertvoll macht. Das Ja zu Gott. Das Ja zum Weg.

Wenn dies hier im Kapitel über die Früchte wieder zum Thema wird, dann auch um etwas deutlich zu machen: Freiheit ist keine Frucht, die man sich erarbeitet, nichts, was man sich nach Jahren der Meditation endlich erworben hat, nichts was man nach schweißtreibender Selbsterforschung in Empfang nehmen darf. Vielmehr ist es ein Diamant, den ein Mensch findet, sobald er die Hand in die besagte Manteltasche steckt.

Eine Frucht ist es dennoch. Zunächst aber ein Same, der den richtigen Boden braucht und die richtige Pflege, damit er sich entfalten kann, damit er wirklich zu einer Pflanze mit süßen Früchten werden kann, die sich dann in wundervoller Weise verzehren, nutzen lassen. Denn Freiheit will erkannt, gepflegt und verantwortungsvoll gebraucht werden, nicht überschätzt im Sinne irgendwelcher Allmachtsvorstellungen und nicht unterschätzt im Sinne einer fatalistischen Opferhaltung. Sie will bewusst und verantwortlich gelebt werden. Auch die Freiheit

29 Mehr dazu in Troll, Pyar: *Hütet das Feuer*

braucht das freiwillige Ja des Menschen. Dann werden ihre Süße, ihre Leichtigkeit und ihre Freude spürbar.

Was ist Frieden? Und wie erreicht man ihn?

Ramana Maharshi empfahl oft die Schrift »Alles ist Eins« von Vaiyai Subramaniam. Darin heißt es: »Wenn der Mensch sich im Tiefschlaf befindet, besteht die Welt weiterhin, aber macht er sich die geringste Sorge um sie? Sein Geist ist still und ruht. Bleibt nun sein Geist genauso ruhig und unbewegt, auch wenn er mit der Welt konfrontiert ist und in ihr handelt, dann ist das Frieden. (…) Daher sollte ein Mensch, der vollkommenen Frieden gefunden hat, durch die Erkenntnis, dass die ganze Welt nichts als ein steter Traum ist, weder als weltfremd angesehen werden, noch als unbeteiligt an den Tätigkeiten in der Welt. Nur er steht in wirklicher Eintracht mit der Welt, nur er kann richtig handeln. Was unsere Aufgaben wirklich regelt, ist Frieden.«[30]

Solange wir in den Extremen von Gut und Böse denken, dabei zwangsläufig von einem zum anderen und wieder zurück wankend, und vor allem solange wir uns ein Bild vom Guten machen, es zu *Etwas* machen, dem wir nachstreben, solange herrscht Krieg in uns. Solange wir in uns polarisieren, ist da Kampf. Alle Kriege werden für das Gute bzw. das, was jemand dafür hält, geführt. Oder wer hat je gesagt, er kämpfe für das Schlechte? Wenn wir aber den Mut aufbringen und bereit sind, den Schrecken, die Angst, die Unsicherheit, das Machtstreben, das Nicht-Wissen, den Kampf nicht irgendwo dort draußen anzusiedeln und zu vermuten, sondern zu sehen, wo dieselben Mechanismen, dieselben Kriege, dasselbe Schwanken von einem Extrem zum anderen in uns selbst stattfindet, dann fühlen wir unseren eigenen Schmerz. Das ist Integration und erst dann ist Transformation möglich, dann entsteht kein

30 Subramaniam, Vaiyai: *Alles ist Eins;* Seite 28 und 31

neuer Schatten. Du bleibst still und unbewegt in der Mitte von alldem und die Erkenntnis DESSEN, was immer ungetrennt war, jenseits von Licht und Schatten, wird aufdämmern. Da gibt es kein Wanken, keine Extreme, keine Bilder, da ist nur DAS. Und im Erkennen von DAS als deinem SELBST bleibt keine Möglichkeit der Trennung zwischen dir und anderen Wesen, alles ist in seiner Essenz Buddha-Natur, die ganze Welt, alle Universen und alle Wesen.

So entsteht, was die Tibeter unerschütterlichen Frieden nennen. Es ist wahrer Frieden, der über das, was wir normalerweise als Frieden bezeichnen und was doch nicht mehr ist als ein Waffenstillstand, weit hinausgeht. Unerschütterlicher Friede schließt alles ein. Er ist bedingungslos, er kann in seiner Unerschütterlichkeit sogar erschreckend wirken.

Es gibt nur eine Möglichkeit für Frieden: den Krieg in jedem von uns zu beenden, das Streben und das Ablehnen in uns zu beenden und einfach nur zu sein. Ruhend in DEM ist unfriedliches Handeln nicht möglich. Frieden nur im Außen schaffen zu wollen, ist immer gescheitert. Im Angesicht der Gewalt an vielen Orten der Welt empfinde ich tiefen Schmerz und Trauer. Es ist Schmerz im Angesicht des Leidens, das da geschieht, und es ist Schmerz im Angesicht der Eskalation des Ego, das da so deutlich wird in seiner Angst, in seinem Machtstreben, in seinem Wahnsinn wie in einem gigantischen Spiegel. Es ist immer dieselbe bittere Wurzel des Leidens im Großen wie im Kleinen. Immer dieselbe Gier, derselbe Hass, dieselbe Verblendung. Und gleichzeitig ist in der Mitte all des Schmerzes und alles umgreifend immer Frieden, Liebe, Stille, offener Raum – vollkommen unberührt. Ich sitze, fühle, was zu fühlen ist, und bin still und in Frieden. Und da ist Gebet – ohne Absender und ohne Adresse.

Gleichzeitig ist es nötig, Frieden im »Außen« zu schaffen – tatsächlich friedlich zu leben. Alle Formen von Krieg – die großen und die kleinen, die zwischen Völkern und die in den Familien – entstehen aus der Haltung: Ich will etwas für mich, für meine Familie, für meine Religion, für meine Partei, für mein Volk. Genauer, es entsteht aus: »Ich will«, »Ich will etwas erreichen, ich will etwas verhindern, ich will etwas schützen, ich will etwas festhalten.« Ohne dieses Festhalten-Wollen, Erreichen-Wollen, Schützen-Wollen, Verhindern-Wollen gibt es keinen Grund für Krieg, weder für einen kleinen noch für einen großen. Wichtig ist es, mit dem kleinen anzufangen.

Die Essenz jedes Wesens ist Frieden selbst. Der gelebte Friede des Herzens und des Geistes ist ansteckend, wie in dieser Geschichte: Ein Krieger besuchte Hakuin, einen großen Zen-Meister, und fragte: »Gibt es einen Himmel und gibt es eine Hölle?« Hakuin fragte: »Wer bist du?« Der Krieger antwortete: »Ich bin ein bedeutender Samurai.« Hakuin: »Du willst ein Samurai sein? Du siehst mehr wie ein Bettler aus!« Der Krieger wurde furchtbar wütend und zog sein Schwert. Hakuin stand ruhig vor ihm und sagte: »Das ist das Tor zur Hölle.« Den Meister so friedlich und gelassen dastehen zu sehen und diese Worte zu hören, erschütterte und berührte den Samurai zutiefst. Er steckte das Schwert in die Scheide und verbeugte sich. »Und das ist das Tor zum Himmel«, sagte Hakuin.

Der Weg zum Frieden fordert Mut, Wachheit, Ehrlichkeit und die Bereitschaft, erst dem eigenen Krieg zu begegnen, dem eigenen Zorn, dem eigenen Kampf, dem eigenen Machtstreben, der eigenen Unsicherheit, dem eigenen Tor zur Hölle, anstatt all das immer draußen zu sehen in der »bösen Welt«. Diese Qualitäten bringt dieser Samurai mit. Ganz klar stellt er seine Frage und ganz offen zeigt er Hakuin seinen Zorn und seine Gewaltbereitschaft, und mit offenem Herz und weitem Geist ist er selbst mitten in seinem Zorn bereit zu hören und zu sehen, was ihm von der Existenz und von Hakuin als Antwort vermittelt wird. Er steht da wie vom Donner gerührt – der große Krieger kann nicht anders als sein Schwert einzustecken und sich zu verbeugen. So findet er mitten in der Begegnung mit seinem eigenen Hass und seiner Unsicherheit den Frieden, den Himmel, nach dem er fragte.

Der Weg des Friedens ist ein wegloser Weg ohne Anfang und ohne Ende – es ist der Weg aller Buddhas. Es ist ein Hinüber und Hinüber und Hinüber und noch mehr Hinüber. Es ist ein Weg, der immer Jetzt ist. Auf diesem Weg gibt es keine Frage nach Zukunft, Gewinn, Herkunft oder Verlust. Kein Ziel, kein Erreichen. Keine Trennung kein Begehren – kein Kampf. Es ist Frieden mit der Existenz, Frieden mit Gott, Frieden mit sich selbst, Frieden mit anderen Wesen.

Was ist Weisheit? Und wie erlangt man sie?

Im Rahmen dieses Buches kann ich auch zu diesem Punkt nur einen kleinen Geschmack geben: Weisheit bedeutet zunächst Realitätssinn im besten Sinne. Es bedeutet, Dinge so zu sehen, wie sie wirklich sind, nichts hinzuzufügen und nichts wegzunehmen. Die Dinge so zu sehen, wie sie wirklich sind, erfordert sie in ihrer Existenz jetzt zu sehen und gleichzeitig in ihrer Veränderlichkeit, Vergänglichkeit, Zusammengefügtheit und wechselseitigen Bedingtheit, so wie du es vielleicht im vorherigen Kapitel mit dem Baum draußen geübt hast. Wenn du diese beiden Aspekte gleichzeitig erkennst, die Existenz, das tatsächliche Dasein und gleichzeitig die Traumhaftigkeit dieses Phänomens, die einfach bedeutet, dass der Baum veränderlich ist, vergänglich, bedingt in Raum und Zeit und zusammengesetzt, dann hast du einen wesentlichen Aspekt der Weisheit entdeckt. Von dort aus öffnen sich alle Türen, immer weitere Ebenen von Weisheit werden sich von dort aus erschließen.

Was heute allgemein mit Weisheit assoziiert wird, wenn man beispielsweise sagt: ein weiser alter Mann, eine weise alte Frau, ist eigentlich die Ausstrahlung dessen, was ich beschrieben habe. Wenn du einem weisen Menschen begegnest, dann bemerkst du die Lachfalten oder die Art, wie er an bestimmte Probleme herangeht, die Gelassenheit, die Liebe, die Klarheit der Sicht, die Fähigkeit zur Kommunikation. Aber das alles sind Ausstrahlungen der Weisheit, die dann als Weisheit wahrgenommen werden, aber einfach die Strahlen der Weisheit sind. Die Weisheit selbst ist eigentlich kaum beschreibbar. Was wir beschreiben können, ist der Ausdruck der Weisheit in diesen Qualitäten. Wahrscheinlich sehnst du dich im Erleben eines weisen Menschen danach, auch diesen Ausdruck zu haben, du möchtest auch gern solche Lachfältchen, diesen Humor oder die Liebe. Der Weg dahin geht über das simple Erkennen, wieder und wieder und wieder. Da muss irgendwann Humor auftauchen! Gelassenheit und Liebe werden sich einstellen, wenn dir das wirklich bis in deine Zellkerne hinein klar wird. Natürlich ist die Weisheit nichts Steriles, denn aus diesem Erkennen entstehen bestimmte Ausdrücke und Verhaltensweisen.

Es ist die Frage, was du wahrnimmst. Wenn du jemanden als weise Frau ansiehst: Nimmst du die verschiedenen Aspekte dieses Strahlens der Weisheit wahr, den Humor, die Gelassenheit, oder die Liebe, die Kommunikationsfähigkeit? Oder nimmst du das Dahinter wahr, aus dem diese Aspekte des Strahlens kommen? Da sind wir wieder bei der Wahrnehmung.[31]

Die Weisheit, die zum Mitgefühl führt, ist die Erkenntnis, dass Wirklichkeit unendliche Bezogenheit ist, wie Anagarika Govinda es formuliert. Ein altes Bild in der indischen Mythologie beschreibt Indras Netz: Indra ist der König der Götter, der die Existenz mit einem Netz durchwebt hat. Die Fäden spannen sich in Zeit und Raum. An jedem Schnittpunkt des Netzes, wo sich zwei Fäden berühren, ist eine reflektierende Perle. Und jedes Wesen ist eine solche

31 Viele weitere Aspekte hierzu, zum Beispiel die fünf Arten der Weisheit, die im Buddhismus unterschieden werden, finden sich in Troll, Pyar: *Poesie der Stille* und *Bodhichitta – Das erwachte Herz.*

Perle. Jede dieser Perlen ist nun mit allen anderen Perlen verbunden, reflektiert alle anderen und reflektiert sogar noch die Reflexionen der Reflexionen der Reflexionen... Das ist ein sehr schönes Bild für die unendliche Bezogenheit. Wenn du dich da hineinversenkst, weißt du, dass jede Welle, die von dir ausgeht, jede deiner Handlungen, jeder Gedanke, jede Rede etwas auslöst in allem anderen und für dich selbst natürlich auch – das nennt man Karma. Zudem steckt im Tiefergehen in diesem Bild eine wesentliche Erfahrung: Es wird schwierig, am »Ich« festzuhalten.

Mitgefühl

Eine weitere süße Frucht des Weges ist Mitgefühl. Mitgefühl entspringt der Einsicht, der Weisheit, der unendlichen Bezogenheit, der Ungetrenntheit, wie man im Advaita sagen würde. Wenn du dir deiner Ungetrenntheit von allen Wesen bewusst bist, dann ist Mitgefühl ganz natürlich. Zum einen bist du ungetrennt von den anderen, gleichzeitig aber bist du ein menschliches Individuum unter etwa sechs Milliarden menschlichen Individuen. Die anderen sind eindeutig mehr. Wie könntest du also wirklich glücklich sein, solange nicht auch die anderen glücklich sind. Wie könnte es dich nicht berühren und bewegen und zu Mitgefühl veranlassen, wie es den sechs Milliarden minus eins geht? Das heißt: Selbstbezogenheit jedweder Art führt zu Unglücklichsein. Deshalb sagt der Dalai-Lama mit einem Lachen, dass die Bodhisattvas die eigennützigsten Menschen sind, die es gibt, da es der einfachste Weg ist, glücklich zu sein.

Oftmals wird am Ende einer Meditation diese Widmung gesprochen: »Mögen alle Wesen Glück erfahren und die Ursachen von Glück, mögen alle Wesen frei von Leid sein und von den Ursachen von Leid...« Dabei ist in diesem Begriff von allen Wesen das gerade widmende Individuum inbegriffen. Das zu beachten ist sehr wichtig im Zusammenhang mit Mitgefühl, denn hier entsteht oft ein grundlegendes Missverständnis – Mitgefühl beinhaltet dieses Individuum genauso, nicht weniger, aber auch nicht mehr als die anderen. Mitgefühl bedeutet nicht Selbstvergessenheit oder Selbstunterdrückung. Jeder muss bei sich selbst anfangen. So heißt es auch im Christentum: Liebe deinen Nächsten *wie* dich selbst.

Es geht auch hier um den mittleren Weg. Es gibt jene Menschen, die ständig um sich selbst kreisen in dem Versuch, sich selbst zu lieben, und es doch nicht schaffen. Die anderen haben sich so weit aus dem Fenster gelehnt, dass sie die Selbstliebe im guten Sinne vernachlässigen und bald keine Wurzeln und keine Kraft mehr haben, um anderen zu helfen. Das ist sehr unterschiedlich von Individuum zu Individuum und auch von Kollektiv zu Kollektiv. Auf einer meiner letzten Reisen wurde mir das sehr deutlich: Ich war zuerst in Köln und dann in Bozen und mir ist aufgefallen, dass ich in Bozen über weite Strecken das genaue Gegenteil von dem erzählte, was ich in Köln gesagt hatte. Natürlich nicht, was die Essenz von Wahrheit angeht, aber bezogen auf den Weg und die Mittel. In Köln habe ich ständig betont: »Mensch Leute, kreist doch nicht ständig um euch selbst, kümmert euch doch auch mal um andere.« In Bozen habe ich immer wieder gesagt: »Kümmert euch doch endlich erst mal um euch selbst, bevor ihr versucht, für andere da zu sein.« Zum Mitgefühl gehört letztlich beides, man darf auf keiner Seite dieses Grates herunterrutschen. Wobei natürlich aufgrund der Ego-Problematik, die im westlichen Geist sehr stark ist, das Abrutschen auf die Seite der Selbstbezogenheit eindeutig die größere Gefahr ist.

Liebe

Je tiefer du in der Weisheit ruhst, umso stärker wird auch das Strahlen der Weisheit sein. Und ein wesentliches Strahlen der Weisheit ist die Liebe. Weisheit ohne Liebe – da stimmt etwas nicht. Mit Liebe meine ich hier natürlich die große Liebe, die nicht personenbezogene Liebe, die nicht wählende Liebe. Nicht die Liebe im Sinne von: Ich liebe dich und du liebst mich, bis in alle Ewigkeit … nicht diese Illusion, sondern die Liebe selbst.

Mehr kann ich dazu nicht sagen. Über Liebe spricht man nicht. Liebe ist.

Bewusstheit, Gewahrsein

Bewusstheit und Gewahrsein sind sowohl Frucht des Weges als auch notwendige Schritte auf dem Weg. Es sind grundlegende Schritte, die immer notwendig sind. Sie stellen eine grundlegende Haltung dar, die einfach gebraucht wird. Das ist eine positive Spirale: Je mehr du dich in Bewusstheit und Gewahrsein übst, umso klarer wird deine Einsicht, umso mehr ist Loslassen von Konditionierungen und Anhaftungen möglich und je mehr Loslassen von Konditionierungen und Anhaftungen möglich ist, umso größer können dann auch wieder Bewusstheit und Gewahrsein werden. Das geht immer so weiter. Ein Schritt ergibt den anderen. Du darfst nie bei einem Schritt stehen bleiben.

Die Bewusstheit ist somit eine wunderschöne strahlende Frucht des Weges und gleichzeitig eine Notwendigkeit für das Gehen des Weges.

Leerheit und Fülle

Auch hier gilt es, die Dualität zu übersteigen. Wenn Meister von Leerheit sprechen, dann meinen sie damit nicht Nicht-Existenz. Sie meinen nicht, dass du nicht da bist oder dass deine Katze nicht da ist. Sie fragen nur genauer nach. Wer bist du? Und was ist Katze? Was ist Tisch? Was ist Wolke? Und sie schauen sehr tief. In diesem Tieferblicken kommst du wieder zu dem Erkennen, dass du Katze oder Tisch nicht wirklich definieren kannst, das ist das Gleiche, wie wir es mit dem Baum vor dem Fenster hatten. Über die Form, das Material, die molekulare Zusammensetzung oder die Funktion kann man nichts definieren, auch nicht sich selbst.

Leerheit bedeutet Leerheit von Ich oder von einem Wesenskern, von der Möglichkeit, es zu definieren. Du kannst nicht sagen: Das genau ist es und bleibt es. Der Begriff Leerheit ist gar nicht so dramatisch, wie er im Westen meist verstanden wurde. Schon die frühesten Übersetzungen der buddhistischen Texte waren falsch. Schon vor hundert Jahren, als die erste Buddhismuswelle nach Europa schwappte und die erste Hinduismuswelle über die Theosophische Gesellschaft den Westen erreichte, gab es Verständnisfehler, die sich bis heute natürlich multipliziert haben. Der Begriff der Leerheit, der in manchen Köpfen spukt, würde die Buddhisten zum Lachen bringen, denn sie alle sind in Respekt vor der Soheit der Dinge und der Tatsächlichkeit der Dinge – in gleichzeitiger Leerheit. Es ist eine Leere, die Fülle ist.

Gleichzeitig ist die Leerheit natürlich auch als Raum zu verstehen. Der Raum ist immer größer als die Dinge, die man in ihn hineinstellen kann. Die Unendlichkeit des Raumes trägt in sich – egal ob etwas drin ist oder nicht – immer das Potenzial, dass alles Mögliche drin sein könnte. Und zwar alles, was du dir vorstellen kannst und was du dir nicht vorstellen kannst.

Deshalb ist Leerheit auch Form und Form ist Leerheit, »...weder ist Form verschieden von Leerheit noch Leerheit verschieden von Form...«, wie es im Herz-Sutra heißt. Das Gleiche gilt auch für Gedanken, Gefühle, Bewusstseinszustände usw. Also sind Gedanken Leerheit und Leerheit sind Gedanken.

Da wird es dann sehr interessant. Raum ist nicht zu trennen von Form und Leerheit ist nicht zu trennen von Form. Denn was ist Leerheit, wenn da keine Form ist? Zumindest ist im Raum immer die Möglichkeit jeglicher Form, jeglicher Gedanken, Gefühle, Handlungen und Bewusstheitszustände enthalten.

Was aber bedeutet dann Nicht-Ich und was bedeutet Ich? Nicht-Ich bedeutet nicht, dass es da kein Individuum namens Petra oder Hans gäbe. Dieses Individuum ist vorhanden, aber leer im Sinne von vergänglich, veränderlich, zusammengesetzt, ohne feststehenden, definierbaren Raum. Für mich gilt genau dasselbe: Ich als dieses Individuum kann handeln, fühlen, denken, aber aufgrund von Einsicht tue ich es aus dem Nicht-Ich heraus, in Liebe, Großzügigkeit, Geduld, Mitgefühl.

Ramana spricht hier von »Ich-Ich«, das ist das große Ich. Als er sich damals mit etwa 16 auf den Fußboden legte und sich fragte: Wer bin ich eigentlich wirklich?, war sein Anliegen herauszufinden, was bleibt, wenn er stirbt. Er spürte die Angst vorm Tod und wollte es ausprobieren, seinen Tod spielen, erfahren. Er fragte: Wenn der Körper nicht mehr da ist, ist dann noch etwas anderes da? Wenn die Gedanken nicht da sind, ist dann noch etwas anderes da? Wenn die Gefühle nicht da sind, ist dann noch etwas? Wer bin ich wirklich? Was bleibt? Oder bleibt nichts? Er ist rasend schnell in die Tiefe gegangen und hat entdeckt, *dass* etwas bleibt. Aber was bleibt ist nicht das, was man herkömmlich als Ich bezeichnet, es ist nicht diese Verknotung von Emotionen, Gedanken, von Gestalt usw., sondern es ist etwas viel Feineres und gleichzeitig Beständigeres.

Dieses Ich-Ich wird sich immer wieder individuell ausdrücken, ausprägen. Ramana beispielsweise ist in seiner Gestalt, seiner Ausdrucksform anders als andere. Das Strahlen ist individuell, aber in der Individualität natürlich vergänglich – da sind wir wieder im Bereich der relativen Realität, die aber trotzdem real ist. Nur weil etwas vergänglich ist, ist es ja trotzdem jetzt da.

Je tiefer du nun in deiner Einsicht gehst und natürlich dein Handeln darauf abstimmst – das eine geht nicht ohne das andere –, umso mehr wird die Illusion schwinden und die Realität aufscheinen.

Gelebte Buddha-Natur – Menschsein ohne allzu menschlich zu sein

Dir ist inzwischen sicher klarer geworden, wie Einsicht und Handeln, Einsicht und Reden, Einsicht und Leben sich gegenseitig bedingen. Jede wachsende Einsicht in deine Buddha-Natur, jede wachsende Einsicht in deine grundlegende Gutheit, jede wachsende Einsicht in die Weisheit fordert dich dazu heraus, die Einsicht in deinem Leben umzusetzen und zu leben. Dies wiederum erfordert tatsächlich Mensch zu sein – Mensch im besten Sinne. Wir hatten mit Rinzai schon vom »wahren Menschen« gesprochen. Dann ist es möglich, das ganze Potenzial der Kostbarkeit der menschlichen Geburt umzusetzen, indem du ganz Mensch bist und gleichzeitig über die inneren Anhaftungen und Verwicklungen, die du bisher mit dem Menschsein assoziiert hattest, hinauszugehen. Menschsein im besten Sinne, gelebte Buddha-Natur bedeutet, Mensch zu sein, aber nicht »allzu menschlich« zu sein. Mensch sein erfordert nicht, zornig oder eifersüchtig zu sein, das ist nicht die wahre Natur des Menschlichen. In diese Richtung weist auch der Satz von Jesus, in dem es heißt: »… sei in dieser Welt, aber nicht von dieser Welt.«

Fallstricke auf dem weglosen Weg

Es gibt keine Abkürzungen, wir müssen allem offen und bereit und in Hingabe begegnen, müssen bereit sein, alle Anhaftungen, auch die subtilsten, auftauchen zu lassen, den Schmerz davon zu fühlen und sie sich lösen zu lassen. Wir müssen alles loslassen, und zwar wieder und wieder und wieder, von Moment zu Moment.

Manche Fallstricke lauern auf dem weglosen Weg und auch in der Art, wie man das Angebot Satsang nutzt oder eben nicht nutzt, wie man es gebraucht oder aber missbraucht. Die Gratwanderung, auf die wir uns eingelassen haben, enthält immer wieder die Gefahr, dass man abstürzt. Sich über einige dieser Gefahren im Klaren zu sein und sich der Machenschaften nicht nur des Ego, sondern im Speziellen auch des spirituellen Ego bewusst zu sein, ist dabei durchaus hilfreich. Was zudem wichtig ist, ist das Thema Missbrauch, wobei es mir hier nicht nur um das oft diskutierte Thema des Missbrauchs, den Lehrer an Schüler(innen) betreiben, geht, sondern auch um den Missbrauch, der mit den Früchten des Wachstums manchmal unternommen wird. Noch einmal Padmasambhava: »In der Zukunft, in den fünfhundert Jahren des Niedergangs, werden viele Menschen für sich beanspruchen, die höchste Sicht zu haben, und behaupten, sorgfältig auf die Folgen guter und schlechter Taten zu achten, sei Zeichen einer niederen Sicht. Sie werden das Gesetz des Karma zu einer Nebensächlichkeit erklären und von sich behaupten, erleuchtet zu sein. Ihr Verhalten ist ungut und wird sowohl sie selbst als auch andere in eine falsche Richtung führen.«[32]

Sonntags-Satsang

Zur Qualität des Erwachens gehört die Bereitschaft, in jedem Moment ganz da zu sein und dem zu begegnen, was sich zeigt, was auch immer es ist. Frieden und stille Freude werden durch die Begegnung mit was auch immer nicht verändert. Satsang lässt sich nicht vom Alltag trennen. Aber leider wird das oft gemacht: Für diese zwei Stunden oder für dieses Wochenende bist du im Satsang – und dann fängt der Alltag wieder an, dann ist alles wieder ganz anders, Weltenwechsel im eigenen Kopf. Das ist ein Missverständnis! Es mindert natürlich nicht den Wert dieser Zeit im Satsang. Aber was hilft es dir, wenn du es hinterher nicht ins Leben dringen lässt? Wenn du die Bereitschaft zur Bewusstheit im Satsang-Raum zurücklässt, bis zum nächsten Mal? Wenn du dich dein Gewissen beruhigend zwischen Ärger, Wut und Unzufriedenheit immer mal wieder daran erinnerst, dass du bald wieder zum Satsang gehen wirst?

Sicherlich werden Stille und Glückseligkeit im Beisein des Lehrers oft sehr intensiv erfahren, im Alltag hingegen scheinen sie schwer erreichbar. Dem liegt aber die Verwechslung zwischen einer Erfahrung und dem Sein, zwischen Erfahrung und Realität zugrunde. Sein, Wahrheit ist nicht abhängig von irgendeiner Erfahrung. Wenn du aber Wahrheit, Sein, Stille mit einer bestimmten Erfahrung verknüpfst, einer glückseligen, einer stillen Erfahrung, zum Beispiel eben einem Moment im Satsang, dann bekommst du ein Problem. Denn die Erfahrung eines stillen oder eines glückseligen Gefühls kann nicht bleiben, du aber willst wieder zurück zur einmal erlebten Glückseligkeit. Es ist egal, ob du eine Erfahrung als schrecklich ablehnst

32 Padmasambhava: *Die geheimen Dakini-Lehren;* Seite 165

oder ob du sie als glückselig erlebst und ihr hinterherläufst. In Wirklichkeit ist einfach nur die überfließende Leere in allem zu entdecken, ohne die Notwendigkeit einer Erfahrung. Solange da ein Weglaufen oder ein Hinterherlaufen ist, ist da auch Schmerz und Frustration.

Was aber sagt sie? Nicht du, sondern die Frustration spricht da: »Jetzt habe ich mich so angestrengt und nichts ist passiert. Jedenfalls nicht das, was ich gerne hätte.« So ist es. Aber was soll eigentlich passieren? Das solltest du genauer untersuchen: Was willst du wirklich? Was ist der tiefste Wunsch? Und was ist da eigentlich für ein Gefühl dabei: ein Sehnen, ein Drängen – mit einem Anteil von Blockiertsein, dem Gefühl einer verschlossenen Tür. Das Wesentliche daran ist das Sehnen. Wenn du dieses Sehnen oder diese Frustration nicht vermeidest, sondern empfindest und wachsen lässt, führt sie dich heim. Das Empfinden von Frustration zeigt, dass Feuer da ist und darauf wartet, genährt zu werden, zu brennen und nicht mehr zu fragen, wie lange es dauert. Du bist der Brennstoff und die Sehnsucht ist das Feuer.

Natürlich ist es gut und hilfreich, auch zum nächsten Satsang zu gehen, und natürlich kannst du dich darauf freuen, denn die Gegenwart des Meisters ist und bleibt etwas Besonderes und Wertvolles. Dennoch ist die Zeit davor und danach nicht außerhalb der Zeit, während der du dein kostbares Leben führst. Es ist dein Leben, das zu deinem Wachsen, zur Transformation werden kann, wenn du die Bereitschaft dafür weckst, pflegst und wachsen lässt, in jedem Moment, ob Satsang oder Alltag.

Satsang als Droge

Ganz Ähnliches lässt sich sagen, wenn es um die leider nicht seltene Tendenz geht, sich im Satsang mit Energie vollzupumpen, die dann bis zum nächsten Mal reichen muss. Die feine Schwingung, die im Satsang fühlbar wird, mit jeder Faser des eigenen Seins aufzunehmen, ist wunderbar und richtig und gut. Allerdings sollte das nicht mit dem Hintergedanken geschehen, dass es wieder für ein paar Wochen reichen muss, da man ja allein keinen Zugang zu Stille, Wahrheit und Frieden habe. Auch hier ist es wichtig, das Missverständnis aufzulösen, dass man sich das Licht, wie es der Meister oder die Meisterin ausstrahlt, nur borgen könne, dass man sich nur bescheinen lassen könne und dass die Wärme dieses Scheins bald verflogen sein würde, wenn man wieder auf sich gestellt ist. Du bist eine Kerze, mit Docht und allem, was nötig ist, um selbst zu brennen. Es braucht nur deine Bereitschaft dazu, in jedem Moment, ob in der Gegenwart des Lehrers, in der Menschenmenge oder allein.

Was geschieht, wenn nicht aus authentischem Erfahren, sondern aus Erlerntem gesprochen wird?

Wenn ein Lehrer nicht aus authentischem Erfahren spricht, dann ist er ein Dozent, aber kein Meister. Das Gesprochene wird dann sehr flach sein, es ist ein Sprechen *über* und kein Sprechen *aus*. Es hat nichts mit Satsang zu tun, es ist vielleicht eine Philosophievorlesung oder etwas Ähnliches. Aber auch Schüler sprechen manchmal nicht aus authentischem Erfahren, man hört dann, dass sie viele Bücher gelesen haben, seien es Texte aus dem Advaita, dem Buddhismus, dem christlichen oder irgendeinem esoterischen Kontext. Und dann kleben sie das, was sie gelesen und als schön wahrgenommen haben, auf ihr Erfahren, statt selbst in die Tiefe ihres Erfahrens zu gehen und zum selben Ergebnis zu kommen und dann authentisch sprechen zu können. Natürlich kann man sprechen und dabei zitieren, das tue ich auch oft. Aber dann muss klar sein, dass es ein Zitat ist. Und spätestens in der Erläuterung des Zitates muss dann die Authentizität erkennbar werden.

Manchen Schülern fällt es schwer, nachdem sie vieles gelesen und als wahr erspürt haben, dann mit diesem fremden Wissen im Kopf noch zu einer eigenen Erfahrung zu gelangen und der zu vertrauen. Für andere wiederum ist es sehr wichtig, vieles zu lesen und von anderen zu hören. Für mich zum Beispiel war das so, ich musste auch viel Wissen *über* erlangen. Auch auf meinem Weg gab es dann aber irgendwann einen Punkt, an dem ich das komplette angesammelte Wissen hinter mir lassen musste. Es gab auch einmal ein paar Monate, in denen ich überhaupt nicht gelesen habe, was für mich höchst ungewöhnlich ist. Es wäre damals nicht gut gewesen für meinen Weg.

Irgendwann musst du das erlangte Wissen zur Seite stellen, um wirklich zu authentischem Erfahren zu kommen. Aber bis du zu diesem Punkt gelangst bist, kann es wichtig sein, vieles zu lesen. Manche Menschen gehen aber auch einen Weg der Hingabe, dafür muss man nicht unbedingt viele Bücher lesen. Jeder muss seinen eigenen Weg finden. Wenn das Ansammeln von Wissen auf deinem Weg liegt, dann kannst du es nicht umgehen.

Es ist völlig okay, etwas zu wissen oder auch viel zu wissen, aber es reicht nicht. Es ist notwendig, irgendwann Abstand von dem Wissen zu gewinnen, um dann aber wieder dorthin zu kommen. Für mich ist es jetzt wieder sehr spannend zu lesen und dann auch umgekehrt zu sehen: Der und die drückt genau das Erfahren aus, das ich auch habe. Oder zu sagen: Da stimmt etwas nicht. Ich schau jetzt von der anderen Seite auf die Inhalte von Büchern und begreife oft erst wirklich, was da steht, auch wenn ich es vor vielen Jahren schon einmal gelesen hatte. Jetzt freue ich mich oft, wenn ich beispielsweise Texte von Osho lese und sagen kann: Aha, das hat er gemeint!

Das spirituelle Ego und seine Tricks

Ein gewöhnliches Ego tut all die gewöhnlichen Dinge, die man so kennt: Es lügt hier ein bisschen, poliert da ein bisschen auf, es manipuliert, betrügt und stiehlt auch mal, es denkt meist etwas zu viel und vor allem daran, wie es selbst in einem guten Licht stehen kann. Das alles ist mit Bewusstheit zu durchschauen, wobei es auch hier subtilere Formen gibt, die so verinnerlicht sind, dass es schon eine geschulte Achtsamkeit braucht, dem immer und immer wieder auf die Schliche zu kommen.

Das spirituelle Ego hingegen ist richtig raffiniert. Es ist unermüdlich aktiv in Menschen, die sich darüber definieren, dass sie spirituell sind, dass sie in Richtung Erleuchtung unterwegs sind, dass sie höchst mystische Erfahrungen gemacht haben. Einige haben für jedes Problem eine Antwort parat, die sie wahrscheinlich irgendwo aus der Flut der esoterischen Bücher gefischt haben. Ein spirituelles Ego kann aber auch sehr still und im Hintergrund wirken. Was das Ego gerne übersieht oder eigentlich gar nicht wissen kann, ist, dass sich jede mystische Erfahrung oder gar das Erwachen all seinen Erfahrungsebenen schlichtweg entzieht. Es bemüht sich nach Kräften, alle nicht-alltäglichen Erfahrungen als spirituell auf sein Konto zu buchen.

Ken Wilber hat hier den Begriff Translation im Unterschied zur Transformation geprägt. Es ist das Sinnstiftende für das getrennte Ich. Translation tröstet, stärkt und verteidigt es, schenkt ihm einen neuen Glauben, lässt den Menschen vielleicht nachsichtig statt zuvor vorwurfsvoll, beziehungsorientiert statt analytisch sein. Translation vermindert »(…) vorübergehend das Grauen im Herzen des getrennten Selbst.«[33] Dem Ego fällt auch dieser Prozess der Translation nicht unbedingt leicht, muss es sich doch immer wieder von lieb gewonnenen Ansichten lösen, dem spirituellen Ego mag es das Gefühl von echtem Wandel, von Entwicklung zu Gott hin geben. Aber, wie wir schon gesehen haben, gehört zur Transformation einiges mehr, was nicht aus dem Ego heraus zu erlangen ist. Transformation stellt nämlich den Prozess der Translation selbst in Frage, unterminiert ihn und löscht ihn schließlich aus.

33 Wilber, Ken: *Einfach »Das«;* zitiert nach: ders.: *Im Auge des Hurrikan bist du sicher;* Seite 35

»Das Wesen der Translation besteht darin, dass dem Selbst (oder Subjekt) eine neue Betrachtungsweise der Welt (oder von Objekten) angeboten wird; das Wesen einer radikalen Transformation besteht dagegen darin, dass das Selbst selbst erkundet, an der Gurgel gefasst und buchstäblich erdrosselt wird.«[34]

Das spirituelle Ego schmückt sich gern mit einem tollen Meister, mit einem echten Guru. Völlig abgesehen davon, dass es mit einem solchen Ego nicht möglich ist, eine wirkliche Lehrer-Schüler-Beziehung einzugehen. Aber es freut sich, wenn der »eigene« Meister ein wirklich großer ist. Das erinnert an eine Antwort, die Philip Kapleau Roshi einem Schüler auf die Frage gab: »Bist du erleuchtet?« Der Meister sagte: »Wenn ich sage ›ja, bin ich‹, dann wird der wissende Teil in dir sauer sein und sich von mir abwenden. Wenn ich sage ›nein, bin ich nicht‹, dann wird der Teil in dir, der nicht versteht, enttäuscht sein.«[35] Wie könnte er auch sagen, *er* sei erleuchtet! Das spirituelle Ego aber würde das gern sagen, am liebsten von sich selbst, wenn das aber selbst ihm etwas zu weit gegriffen erscheint, dann eben gerne von dem Lehrer, zu dem es geht.

Das Schwelgen in spirituellen Erfahrungen, auch eine Spezialität des spirituellen Ego, ist eine subtile Falle. Hier wird versucht zu halten, was nicht zu halten ist. Hier wird versucht, Gott zu einem Ding zu machen. Hier tauchen Gier und Anhaftungen in ihrer subtilen Form, aber mit aller Gewalt wieder auf und führen zu neuem Leiden, neuer Trennung.

Ohne Hingabe und ohne die unbedingte Akzeptanz dessen was ist, ohne die Bereitschaft zur fühlenden, sehenden, ehrlichen, direkten Begegnung und Integration, bleibt Spiritualität nichts als ein neuer Fluchtversuch, eine neue, scheinbar sichere Zuflucht. Und wem dient die-

34 Wilber, Ken: *Einfach »Das«;* zitiert nach: ders.: *Im Auge des Hurrikan bist du sicher;* Seite 35

35 Kapleau: *Zen. Dawn in the West.*

se Zuflucht? Niemand anderem als dem dann zwar spirituellen, aber nach wie vor gespaltenen, ablehnenden, wünschenden, verschleierten Geist.

Die vielen Versuche des kleinen Geistes, angesichts der großen Unsicherheit und dem Nicht-Wissen, die das Leben nun einmal ausmachen, neue Sicherheiten aufzubauen, kosten viel Energie und viel Zeit und führen nach kurzer Entspannung zu neuen Schmerzen, wenn auch diese Türmchen und Schlösslein wieder zusammenkrachen. Es gibt keine Sicherheit, auch nicht davor, wieder und wieder von Zweifeln und eigentlich »Überwundenem« heimgesucht zu werden. Selbst Jesus erlebte diesen einen Moment, in dem er in Zweifel geriet. Das war, als er am Kreuz rief: »Vater, warum hast du mich verlassen?« Niemand kann davon ausgehen, in Sicherheit, angekommen zu sein. Solange wir in diesem Körper leben, bleibt es eine Gratwanderung, der Tanz auf Messers Schneide, der höchste Achtsamkeit erfordert.

Fallstricke des kleinen Geistes, wenn er Sätze wie »Du bist DAS« zu verarbeiten versucht

Einerseits versucht der kleine Geist solche Sätze manchmal in bester Absicht zu verarbeiten – was ihm nicht gelingt, weil der kleine Geist immer in der Dualität bleibt, das geht nicht anders, so ist er gebaut, schon aufgrund der Neuronenstruktur des Gehirns. Die ganzen Denkvorgänge sind eine Abfolge von Plus-Minus-Entladungen, eine sehr komplexe Abfolge freilich, aber die Grundstruktur ist Plus-Minus. Da kann der kleine Geist nichts dafür, er ist einfach so. Das muss einem nur bewusst sein. Deshalb ist alles, was über die Dualität hinausgeht, kaum begreifbar für den Verstand, es ist für den Verstand erahnbar, würde ich sagen, wenn er sich sehr weit und offen macht, aber nicht begreifbar. Es ist auch deshalb nicht begreifbar, weil es zu groß ist für diesen kleinen Kopf, es passt einfach nicht hinein. Auch wenn da also eine gute Absicht ist, bekommt man trotzdem nichts als Kopfschmerzen oder es kommt einfach nur Unsinn dabei heraus.

Nun ist es aber so, dass der Geist aufgrund von Anhaftungen und Egohaftigkeit zum Missbrauch tendiert. Weisheit, nichtduale Weisheit für die egohafte, selbstbezogene Struktur des Geistes zu missbrauchen, ist ein sehr tiefer und grundlegender Missbrauch, aus dem viele andere Missbräuche resultieren. Wenn ein Al-Mansur, der noch dazu dafür gekreuzigt wurde, sagt: »Ich bin Allah«, dann hat das eine Qualität. Wenn aber irgendjemand sagt: Ich bin Gott, und das Sprechen letztlich aus dem Ego kommt, dann ist das eine Katastrophe.

Wenn ein fehlgeleiteter oder falsch verstehender Schüler den Satz »Du bist DAS« hört, dann übersetzt er sich den natürlich in »Ich bin DAS«, und das ist ja auch richtig. Aber er interpretiert es in seinem kleinen Geist dann so, dass er nicht mehr abspülen muss, sich um niemand anders, dem es vielleicht schlecht geht, mehr kümmern muss, dass er sich nicht um größere Bewusstheit bemühen und auch nicht praktizieren muss, denn er ist ja sowieso DAS, wie er meint. Das ist Missbrauch und führt in große Dunkelheit.

Wenn dir ein Meister sagt: »Du bist DAS«, dann kannst du nach innen schauen. Dort wirst du sehen, dass da irgendetwas in Resonanz damit kommt, aber gleichzeitig musst du feststellen, dass du da nicht bist, dass das nicht wirklich ein permanentes Erfahren ist. Nun kannst du einfach Vertrauen haben und sagen, dass dieser Satz seine Berechtigung haben wird, wenn er von deinem Meister oder auch von Jesus gesagt wird. Du kannst also sagen: »O ja, da ist etwas dran, aber ich bin da nicht in meiner jetzigen Form, so voller Anhaftungen und Unwissenheit.« Wenn du so herangehst, dann ist Zuflucht möglich. Du weißt, dass da in der Ferne ein Leuchten ist und kannst Zuflucht nehmen, weil du noch nicht da bist. So wird eine Brücke geschaffen über das Vertrauen und über den inneren Lehrer, nämlich die eigene Praxis. Du machst dich tatsächlich auf den Weg. Wenn der kleine Geist oder das Ego diesen Satz hingegen missbrauchen, dann wirst du dich nicht auf den Weg machen, da du fälschlicherweise glaubst, dass du schon da wärest, wo du gerne sein möchtest.

»Alles ist okay«

Diesen Satz hört man oft, und nicht viel weniger oft dient er dazu, die Bequemlichkeit, die Angst, all die Widerstände voranzugehen zu rechtfertigen. Es ist wahr, dass die Buddha-Natur von Anbeginn in dir ist, sie ist dir näher als deine Nasenspitze. Und dennoch ist ein Weg nötig, ist Pflügen und Polieren nötig. Das ist ein Paradox, aber Paradoxa sind Kennzeichen der Wahrheit. Ich beobachte in den letzten Jahren bei einigen Menschen die Hoffnung auf ein Erwachen, ohne dabei etwas zu verlieren, ohne einen Preis zu zahlen, auf ein Erwachen ohne Weg, ohne Praxis, ohne Mühe. Das ist ein Traum, ein wunderschöner spiritueller Traum. Der Weg aber ist zu gehen, auch wenn er von hier nach hier führt. Und die Bereitschaft ist nötig, zu fallen und wieder aufzustehen und weiterzugehen – wieder und wieder.

Auf der anderen Seite stimmt es, wenn gesagt wird, dass das Gras von allein wächst, dass sich das Leben um alles kümmert. Das sind keine faulen Ausreden, solange wir verstehen, dass das Leben sich sehr wohl um alles kümmert, uns aber dafür benutzt. Das Gras braucht Wasser, Erde, Sonne, Dünger. Aber selbst wenn ich es gieße und ihm Dünger gebe, bin ich es nicht, die es zum Wachsen bringt. Ich tu, was getan werden muss, und das Gras wächst.

»Gefühl ist gut – Verstand ist schlecht«

Ein anderes häufiges Missverständnis besagt, dass der Verstand schlecht sei, Gefühle hingegen gut. Das aber ist eine unsinnige Verallgemeinerung und es ist dumm. Unsere Fähigkeit zu denken, zu analysieren, gedanklich auszuwerten ist etwas Wundervolles – es ist ein Werkzeug, das genutzt werden sollte. Unbestritten erhielt der Verstand im Westen eine zunehmend zentrale Rolle, wurde überbewertet und als das einzig gültige Mittel zu Erkenntnisgewinn und Richtungsbestimmung für die Zukunft angesehen. Das hat dazu geführt, dass die Menschen nicht ihren Verstand benutzen, sondern von ihm benutzt werden. Sie sind nicht mehr Herr im eigenen Haus, sondern geführt, gelenkt, gehetzt und gequält vom eigenen Gedankenapparat. Gefühle hingegen werden kaum oder ungern wahrgenommen, als störend im alltäglichen Funktionieren empfunden und als unwert gegenüber dem Denken angesehen. Im Wunsch nach einem tiefen inneren Wandel erkennen viele Menschen dieses Dilemma. Wenn sie dann aber die Vorzeichen einfach umkehren, kann auch kein echter Wandel stattfinden. Dann hängen sie in ihren Gefühlen, lassen sich nun von ihnen herumführen und halten fälschlicherweise das für Wahrheit, was an Wallungen in ihnen aufkommt und abebbt.

Wieder ist das Missverständnis ein gefährliches, denn es ist manches wahr an der Aussage. Die Überbewertung des Verstandes, des kleinen Geistes, und die Verdrängung der Gefühle können ja wirklich nicht gesund sein. Grundlage ist aber vor allem der Hinweis, dass sich Stille, Frieden, Wahrheit, dass sich Transformation nicht über die Gedanken verwirklichen lassen. Es ist nicht möglich, DAS über Bücher, gelesene oder gehörte Informationen, über den Weg des logischen Denkens zu erreichen. Einer mag viele Bücher über Meditation lesen, wenn er sich nicht hinsetzt, wird er sie nicht erfahren. Das heißt aber nicht, dass Denken, Lesen, Information überhaupt keinen Wert hätten. Osho beispielsweise sprach oft davon, dass angelesenes und gelerntes Wissen der wirklichen Erkenntnis im Wege stünden. Und was bastelte damals mein Verstand daraus: »Mist, dann wird das bei mir nichts. Ich weiß viel, ich bin intellektuell. Der Zug ist abgefahren.« Was mir dabei entging, war, dass Osho selbst Unmengen an Büchern las. Und zudem, dass es dem Verstand gar nicht möglich ist, DAS zu begreifen, dass ich aber nicht der Verstand bin. Ja, was aufhören muss, ist, sich mit dem Verstand zu identifizieren.

Der Verstand wird somit nicht verdammt, sondern als das respektiert was er ist, ein wunderbares Werkzeug, göttlich wie alles andere. Und ihm wird ermöglicht zu erkennen und zu akzeptieren, wo die Grenzen seiner Denk- und Verstehensfähigkeit liegen, so dass auch er in Frieden sein kann, so dass auch der Geist zurückkehren kann zum Ursprung.

Genauso wenig sollen Gefühle und emotionale Erfahrungen ignoriert, vermieden und durch eine scheinbare Stille ersetzt werden. Im Gegenteil, sie wollen gefühlt, erlebt und in aller Tiefe vollkommen erfahren werden. So enthüllt sich in diesem unendlichen göttlichen Mysterium in genau dieser vollkommenen Begegnung wiederum und tiefer und tiefer – DAS.

Und gleichzeitig sind Gefühle genauso wenig Beweis wie Gedanken, sind Gefühle nicht wahrer als Gedanken.

Shankara sagt hierzu: »Das Denken immer wieder auf Brahman konzentrieren und dort allezeit gesammelt halten, wird Hingabe genannt. Dieses bedeutet aber nicht Beschwichtigen des Verstandes durch müßige Gedanken.«[36] Die Gedankenkraft ist ein Werkzeug, das gepflegt und geschärft werden muss. Wenn es heißt, man solle im Jetzt sein, und nicht in einer selbstgebastelten Gedankenwelt im Gestern oder Morgen herumschweben, dann heißt das, dass man auch mit seiner Geisteskraft im Jetzt sein sollte. Es ist das Sein im Moment, das bei Kindern sehr unbewusst ist, beim Buddha hingegen sehr bewusst. Wenn Jesus sagte, werdet wieder wie die Kinder, so meinte er damit nicht, dass wir alle Bildung, alle Erfahrung, alles Wissen vergessen sollten, dass wir umhertapsen oder

36 Shankara: *Das Kleinod der Unterscheidung;* Seite 13

Brei essen sollten. Das sicher nicht. Wir sollten aber zu der Qualität von Unschuld zurückfinden, vor allem zu der Qualität von Staunen, ohne dabei die Bewusstheit und die Entwicklung des Geistes wieder aufzugeben. Es ist ein Darüber-Hinausgehen. Ken Wilber hat das sehr schön formuliert: Er spricht von prärational, rational und transrational. Der kindliche Zustand wäre ein prärationaler Zustand. Dann gehen wir in den rationalen Zustand, wir sind aktiv beschäftigt, alles zu erfahren, zu bekommen und zu nutzen, was wir für unser Leben brauchen. Wo es aber eigentlich hingeht, das ist ein transrationaler Zustand, der das Rationale nicht verleugnet, sondern umschließt und übersteigt, und es dem Menschen erst ermöglicht, die Ratio wirklich zu benutzen, da wo er sie braucht.

Shunyata-Krankheit und wie ihr zu begegnen ist

Shunyata-Krankheit heißt übersetzt Leerheits-Krankheit. Diese Krankheit gab es schon immer unter spirituellen Suchern und Menschen auf dem Weg. Sie wurde zum Beispiel von Hakuin, einem großen Zen-Meister sehr gut beschrieben, er nannte sie Zen-Krankheit. Shunyata-Krankheit bedeutet, dass ein Mensch des Wegs irgendwann ein tiefes oder länger dauerndes Satori hat, vielleicht auch ein Erfahren der Leerheit in all ihrer Schönheit, und sich dann darin verkriecht und vollkommen den Bodenkontakt verliert. Wenn man es tibetisch ausdrückt, ist es die Flucht ins Götterreich. Chögyam Trungpa nennt es die absolute Spitze dessen, was dem Ego erreichbar ist, und damit eigentlich eine sehr subtile, tiefe Verwicklung, nämlich das Festhalten an genau diesem Zustand. Die andere Seite der Wahrheit, nämlich dass Leerheit Form ist und Form Leerheit und so weiter, wird verleugnet. Shunyata-Krankheit heißt, auf der Leerheits-Seite steckengeblieben zu sein, was bis hin zu schweren dissoziativen Störungen gehen kann. Auch das ist Missbrauch, nämlich Missbrauch der

Leerheit oder der Erinnerung an ein tatsächlich wahr gewesenes Erleben der Leerheit. Es ist spiritueller Materialismus. So wie ein Materialist auf eine dumpfe und selbstgefällige Art glücklich ist mit seiner Yacht, seiner Villa, den hübschen Frauen und dem Drink in der Hand, kann sich ein spiritueller Materialist wie in Watte gepackt fühlen, schwebend, entrückt. Das kann natürlich sehr angenehm sein, für eine Zeit.

Wie aber lässt sich dieser Krankheit begegnen? Die Medizin ist Wachsamkeit und Offenheit, das Erkennen, dass man auf einer Seite des Grates abgerutscht ist. Es bedeutet, den flüchtigen Phänomenen im Innen und im Außen nicht mehr, aber auch nicht weniger Bedeutung zuzumessen, als sie haben. Wenn jemand hinfällt, wird man ihm die Hand reichen und ihm aufhelfen. Wenn es auf dem Konto allmählich dünn wird, wird man schauen, wo man etwas weniger Geld ausgeben kann. Suzuki Roshi sagt es noch etwas deutlicher: »In der göttlichen Welt wirst du es nicht lange aushalten, da gibt es weder Restaurants noch Toiletten.«

Gefahr des Missbrauchs

Mit Missbrauch im spirituellen Bereich wird zuallererst meist der Missbrauch eines Pseudo-Meisters an seinen Schülern assoziiert, das kann in finanzieller Hinsicht gemeint sein, in psychologischer oder in sexueller Hinsicht. Ein Mensch, der das Vertrauen von Schülern ausnutzt, um seinem Machtstreben, seinem Geldverlangen oder seinem sexuellen Verlangen Genüge zu tun, ist kein Meister, sondern ein Scharlatan. Die Auswirkungen sind enorm, denn der missbrauchte Mensch hat nicht nur Geld, Zeit, Selbstwert und so weiter verloren, er ist nicht nur in seiner Würde verletzt worden, sondern zudem in seinem spirituellen Vertrauen. Nicht nur behindert ein solcher Nicht-Meister das Wachstum der Schüler, unter Umständen wird der Missbrauch es für sehr lange Zeit verhindern, dass diese Menschen wieder Mut und Vertrauen fassen können, um sich erneut zu öffnen, gegenüber dem eigenen Inneren, gegenüber einem wirklichen Meister, gegenüber Gott. Der Missbrauch muss noch nicht einmal in klarer, bewusster Absicht geschehen, sondern passiert oft in der Unbewusstheit, die mit dem spirituellen Ego eines solchen Pseudo-Meisters einhergeht. Er ist ein Mensch, der in Gier und Ablehnung und in Nicht-Verstehen verstrickt ist. Und auch er erfährt Leid dabei.

Ein Pseudo-Meister ist eine große Versuchung für Sucher. Er braucht sie, um sich in der Sonne der Anbetung vieler Schüler zu sonnen, um Macht zu erleben, um reich zu werden oder seine Sexualität zu leben. Daher ist er eher bereit, ihre Erwartungen zu erfüllen als ein Meister. Vielleicht sieht er sogar meisterlicher oder heiliger aus, benimmt sich so und spricht so, wie man es von einem Meister erwartet. Wenn ein Schüler, der auf Anerkennung, Zuwendung oder Bestätigung hofft, auf einen solchen Pseudo-Meister trifft, dann ist der Schüler leicht bereit sich ausnutzen zu lassen, denn er braucht wiederum den Meister dazu. Der Kuss, der eigentlich schon eine Verletzung der sexuellen Würde war, wird als Anerkennung des Meisters verbucht, und die Nacht in den Armen des Pseudo-Meisters wird als Hingabe missverstanden. Nicht-auf-eigenen-Füßen-Stehen, Dummheit und Trägheit werden als Vertrauen missverstanden. In Wahrheit ist Selbstvertrauen die Basis jedes Vertrauens. Du brauchst Vertrauen in die grundlegende Gutheit in dir. Dann wirst du in der Lage sein, Pseudo-Meister und Meister zu unterscheiden.

Wie sich die Klientin in den Therapeuten verliebt – die Psychologen haben ganze Bücherschränke gefüllt, um dieses Phänomen zu erklären –, passiert das auch oft in einer Lehrer-Schüler-Beziehung. Nun wird ein Pseudo-Lehrer dies vielleicht für sich ausnutzen. Ein Meister hingegen wird die Schülerin auf die Projektionen, die darin liegen, aufmerksam machen und ihr helfen, diese zu überwinden. Es kommt natürlich auch vor, dass das Sich-

Freud: „Übertragung"

Verlieben gegenseitig ist und Lehrer und Schülerin oder Meisterin und Schüler sich als echte Partner zusammenfinden.

Missbrauch auf dem weglosen Weg ist aber nicht darauf beschränkt, dass sich jemand nutznießerisch für einen Meister ausgibt und keiner ist. Missbrauch geschieht auch sehr häufig hinsichtlich der spirituellen Erfahrungen. Sobald das Ego sie zu fassen kriegt, damit herumprahlt, sie in irgendeiner Form für sich verwertet, ist das bereits Missbrauch. Und es ist immer ungünstig für den weiteren Weg.

Es passiert beispielsweise sehr häufig, dass jemand merkt, dass ihm die Beziehungen entgleiten, man findet den Faden nicht mehr, den Kontakt oder die Gemeinsamkeiten. Dann versucht man seinem Freund oder Noch-Freund oder Schon-nicht-mehr-Freund klar zu machen, was man an Neuem erlebt, im Inneren, in der Meditation oder im Satsang. Man meint, dass es doch irgendwie möglich sein müsste, den anderen mit auf den Weg zu ziehen. Das ist eine schwierige und auch fragwürdige Sache, denn hier kommt das missionarische Element hinzu, was ganz sicher nicht gut ist. Man kann keinen Hund zur Jagd tragen. Oft kommt auch Arroganz mit hinein, eine spirituelle Überheblichkeit – »Wow, ich habe das große Ding gefunden, und dir armem Würstchen muss ich jetzt sagen, wie es geht«. Das ist etwas, was sowieso jede Freundschaft tötet. Hier ist auch der Aspekt wichtig, den Jesus anspricht: »Wirf Perlen nicht vor die Säue.« Wenn du merkst, dass jemand auf dieser Ebene nicht hören kann, dann solltest du darüber nicht sprechen.

Ein weiterer Aspekt ist, dass vieles, was auf dem weglosen Weg oder im Prozess der Transformation, im Prozess der Klärung des Geistes erfahren wird, eine Zartheit hat. Es ist erst einmal ein winziger Keimling, den man schützen muss. Man sollte sehr vorsichtig sein beim Sprechen über die Dinge des Herzens. Man macht für sich selbst oft etwas kaputt, wenn man es schon breittritt, lange bevor das innere Erfahren stabil ist, und zwar wirklich stabil. Wenn man spricht, muss man ja den kleinen Geist benutzen. Das muss ich auch, zum Beispiel auch jetzt, wenn ich das schreibe, aber bei mir ist es stabil. Aber wenn man in einer Phase des Noch-nicht-Stabilen versucht darüber zu sprechen, dann ist es eine Chance für den kleinen Geist oder das Ego, den Keimling zu zerstören. Es ist eine Art des Missbrauches, sowohl der Erfahrungen als auch der anderen, vor denen man sich ausbreitet.

Verträumte Vorstellungen vom Erwachen

»Erleuchtung ist nicht unmenschlich oder nicht menschlich oder übermenschlich – sie ist ultramenschlich«[37], sagt Robert Ennis. Was aber wird da alles hineininterpretiert von einem, der es nicht wissen kann – dem Verstand, dem kleinen Geist, dem Ego. Es werden Vorstellungen und Ideen davon produziert, die ganz unterschiedlichen Motiven entspringen. Hoffnung auf ein Ende dessen, was nicht gemocht wird; Sicherheit dort, wo es nun einmal keine gibt.

Ein sehr verbreiteter spiritueller Traum besagt, dass Erwachen das Ende jeden Schmerzes, jeder Traurigkeit, jeder unangenehmen Erfahrung oder jeder Herausforderung sei. Das ist nicht wahr. Ich erinnere mich, dass auch ich lange Zeit dachte, dass mit der Erleuchtung alles Unangenehme aufhöre, dass man wie auf Wolken schwebe, selig, heiter, lächelnd, abgehoben, unbeteiligt – irgendwie auch langweilig. Doch was ist mit Jesus, der die Händler aus dem Tempel warf, mit Osho und seiner Bereitschaft, sich mit den Mächtigen der Welt anzulegen, was ist mit all den lachenden und weinenden Buddhas? Die hatte ich übersehen.

Nach dem Erwachen ist es keinesfalls langweilig, die Herausforderungen steigen. Mein Erfahren ist Folgendes:

37 Caplan, Mariana: *Halfway up the Mountain;* Seite 505

Ich bin sehr berührbar, mein Herz hat keine Tür, die ich schließen könnte. Diese Berührbarkeit schließt Verletzbarkeit ein. Und sie schließt die Erfahrung von Schmerz, Traurigkeit und Ähnlichem ein. Mein Eindruck ist, dass ich Schmerz und Trauer sogar wesentlich stärker empfinde als früher. Der Unterschied ist, dass selbst in heftigstem Schmerz oder Trauer *gleichzeitig* die stille Freude und die Friedlichkeit unverändert, unverrückt, unerschüttert vorhanden sind. Und daher sind da sehr wohl die Erfahrung von Schmerz, aber kein Leiden und kein Widerstand, kein Kampf. Eine weitere Beobachtung ist, dass bestimmte Emotionen wie Zorn oder Eifersucht, die ich als meine gewohnte Reaktion von früher kenne, nicht mehr auftauchen. Ich versuchte sogar sie zu produzieren. Es gelang nicht. Also gibt es sehr wohl ein Ende von Leiden und ein Ende von gestörten Emotionen.

Letztlich wird in diesem Missverständnis der Erleuchtung als einem Ende alles Unangenehmen versucht, das Erwachen als Fluchtweg zu benutzen. Jemand kriegt sein Leben nicht in den Griff – Stress, Streit, Einsamkeit, Geldnot, tiefe Zweifel am Sinn des Ganzen, was auch immer es sein mag – und denkt sich, dass er erleuchten müsse, damit er sich um all dieses Irdische, Emotionale, Schwierige nicht mehr kümmern muss. Das kann bis hin zu der Idee gehen, dass jemand angesichts von Klimakatastrophe, Rohstoffverknappung und zunehmender Verrohung in der Gesellschaft meint, sein einziger Ausweg vor diesen Angst machenden Gefahren sei es, schnell zu erleuchten, bevor es zu spät ist. So aber funktioniert das nicht. Schon allein weil der weglose Weg ein klares, freiwilliges Ja erfordert, das nicht aus der Angst geboren werden kann. Er erfordert die tiefe Auseinandersetzung mit diesen Ängsten, das Annehmen der Unsicherheit, des Schmerzes, der Sehnsucht.

Neben den romantischen Vorstellungen vom Erwachen gibt es auch eine Reihe von Ängsten, die sich *gegen* das Erwachen richten. Manche Menschen wehren sich innerlich dagegen aufzuwachen, weil sie glauben, dass sie dann kein normales Leben mehr führen könnten, dass sie nicht mehr arbeiten oder keine Freunde mehr haben könnten oder dergleichen. Ich kann nur sagen, dass ich sehr aktiv bin, viel arbeite, in vielen Projekten wirke, dass viel tiefere Freundschaften möglich sind als zuvor – eben gerade weil meine Energie nicht mehr in den Anhaftungen und Schleiern abgefangen und aufgesogen wird. Erst im vollen Bewusstsein meiner Freiheit, im ständigen Verweilen in der Freude, der Liebe, dem Mitgefühl kann ich tätig sein, kann ich in Beziehung sein.

Es gibt andere Ideen, aus denen heraus das Erwachen gescheut wird, beispielsweise bei Menschen, die auf ihrem Entwicklungsweg sehr lange gebraucht haben, um Liebe für sich selbst zu entwickeln, ein tiefes Gefühl der Zuwendung für das eigene Wesen inklusive der Verletzungen und der daraus resultierenden Macken. Sie haben vielleicht ihr inneres Kind wiederentdeckt und begonnen, es zu heilen. Und dann taucht das Thema Erleuchtung auf. Manchmal führt das dazu, dass diese Menschen das Empfinden haben, sie müssten sich selbst jetzt wieder verlassen, müssten das, was sie endlich in Liebe anzunehmen lernen, im Stich lassen, müssten sich davon lösen, es vielleicht sogar als schmutzig und ablehnenswert, wie es oft in alten östlichen Texten heißt, ansehen und hinter sich lassen. Dem aber liegen gleich mehrere Missverständnisse zugrunde: Zum einen fehlt hier das Mitgefühl, das bei jedem selbst beginnt. Erst aus diesem Mitgefühl heraus und frei von alten Konditionierungen ist man ja in der Lage, wirklich für sich zu sorgen, die wirklichen Bedürfnisse zu erkennen und zu erfüllen. Zum anderen besteht hier eine Identifikation mit dem Körper und den Emotionen, die darunter gärende Angst vor Verlassenheit und die Idee eines Abgespalten-Seins vom Ganzen. Auch hier liegt das Missverständnis vor, dass Transformation ein Davonschweben bedeuten würde, ein »Luftig-Werden«, bei dem das Irdische, die relative Realität wirklich einfach nur verlassen zurückbleibt.

Manchmal wird davon gesprochen, dass man erst einmal sein Menschsein zum Höchsten entwickeln muss, Körper, Geist und vielleicht sogar auch das Ego – erst dann gibt es ein Darüber-Hinausgehen. Wenn du nur etwas loswerden willst, dann achtest du seinen Wert nicht, seine Kostbarkeit als Teil des Einen, des Ganzen. Auch hier ist es wieder das Einschließen einer früheren Stufe, die durchlebt werden muss, zur Blüte gebracht werden will, bis sich die nächste Stufe entfaltet, die darüber hinausgeht. Dein Herz wächst, dein Geist wird immer größer und schließt immer mehr und mehr mit ein, bis es nichts mehr gibt, was nicht seinen Platz darin hätte.

Dieses Eine ist DAS, woran jede Sprache scheitert. Auch ich kann dir dieses Eine nicht beschreiben. Trotzdem haben viele Mystiker, von Kabir über Johannes vom Kreuz bis zu Osho es immer wieder versucht. Ja, wir versuchen immer wieder zu beschreiben, was nicht schreibbar ist, zu sprechen über etwas, was jenseits von Worten ist. Und das ist gut so. Ich kann nicht sagen, ich erlebe ES so oder so, ich kann nicht sagen, ES hätte diese oder jene Eigenschaft. Es ist. Das reicht. Es ist das, in dem jedes Erfahren und jede Eigenschaft, jedes Heiß und Kalt, jedes Süß und Sauer, jedes Schön und Hässlich erscheint. Aber ich kann dir sagen, dass mein Leben ein Tanz ist, ich kann dir sagen, dass kein Kämpfen mehr geschieht mit dem Leben, dass Leiden aufgehört hat, ich kann dir sagen, dass das Leben noch nie so lebendig war wie in den letzten Jahren. Ich kann dir sagen, dass da eine stille, leise Glückseligkeit ist, die immer da ist, in angenehmen und unangenehmen Momenten des Lebens. Ich kann dir sagen, dass der Friede unerschütterlich ist und der Raum ohne Ende und ohne Halt. Ich kann dir sagen, dass ich staune und staune und staune und dass die Entdeckungsreise in der Unendlichkeit ohne Ende ist. Und all das beschreibt es nicht.

Einsicht und Meditation – ihre Bedeutung gerade heute

Im Angesicht der gesellschaftlichen, sozialen und ökologischen Situation auf unserem wunderschönen blauen Planeten empfinden viele Menschen Ohnmacht, Zorn und Hilflosigkeit. Und gerade Menschen, die sich auf einem spirituellen Weg befinden, scheinen hier besonders sensibel zu sein. Nach einer Phase des Nach-Innen-Gehens, der Meditation, des Sich-Findens entsteht ganz natürlich der Wunsch, die Einsicht nach außen zu tragen, in konkretes Handeln fließen zu lassen. Das aber ist keineswegs das Ende des Nach-Innen-Gehens, sondern ganz im Gegenteil eine neue Herausforderung, noch tiefer zu gehen, die Achtsamkeit noch mehr zu vergrößern, den Geist noch weiter werden zu lassen.

Mitgefühl möchte sich in Handeln ausdrücken. Und das ist ganz einfach: Jemandem fällt etwas zu Boden, du bückst dich und hebst es auf. Jemand ist traurig und du fühlst mit ihm, so wie du die Freude eines anderen mit empfindest. Du hörst auf, dich abzugrenzen und als Insel zu betrachten. Du hörst auf, um dich und dein Befinden zu kreisen und öffnest dich weiter und weiter. Dabei wird das *für*… immer größer: für dich, für deine Familie, für deine Freunde, für deine Stadt, für den Wald in der Nähe, für die Natur, für die Erde, für das Universum, von dem du ein Teil bist.

Es gibt die Geschichte vom mythischen Weltberg Meru, zu dem einmal alle tausend Jahre ein kleiner Vogel kommt und einmal an ihm pickt. Und irgendwann wird der Berg Meru weg sein. Nun könnte der kleine Vogel sagen: »Mein Gott, ich komme nur so selten vorbei und dann kann ich auch immer nur einen Schnabelvoll nehmen, ich bewirke ja gar nichts. Also lasse ich es lieber bleiben.« So denken viele Menschen in Anbetracht des Berges von Elend und Ungerechtigkeit. Dann aber wird der Berg nicht abgetragen. Der kleine Vogel muss natürlich auch aufpassen, dass er nicht auf der andern Seite herunterfällt, indem er sagt: »Wow, ich bin der Supervogel und ich werde jetzt mit meinem Schnabel einmal an den Berg hauen und dann wird der in tausend Stücke zerspringen und alles ist anders.« Dann wird er sich wahrscheinlich den Schnabel einrennen und sich selbst verletzen.

Auch hier gilt es, in der Mitte zu bleiben. Natürlich kommen wir ständig an unsere Grenzen, das ist normal. Als menschliche Wesen leben wir die Begrenztheit inmitten der Unendlichkeit. Es gibt Grenzen, die zu überschreiten sind, wo Transformation möglich ist. Und es gibt Grenzen, die zu akzeptieren sind, zum Beispiel die Vergänglichkeit. Dann herrschen da Trauer und Schmerz, das Gefühl, nichts bewirken zu können und es doch zu wollen – und gleichzeitig die totale Akzeptanz. Ich glaube es ist vor allem wichtig, dass die Menschen lernen, sich diesem Simultanen zu stellen: Es ist kein Abwechselnd, kein Entweder-oder, sondern ein Zugleich. Es geht gar nicht anders, als beide Seiten zu empfinden – die Klarheit der Einsicht und die Unsicherheit des menschlichen Erfahrens darin. Du kannst dich immer wieder entscheiden, die Unsicherheit nicht zu fliehen und der Einsicht des Geistes und der Berührtheit des Herzens zu folgen. Dann ist es auch möglich, andere Menschen anzustecken. Dabei reicht es nicht, Stille und Meditation für sich zu behalten. Es muss sichtbar gemacht werden für andere, spürbar, erlebbar.

Ein Satsang-Lehrer oder Meister steht immer an beiden Ufern, auch wenn es diese Ufer letztlich nicht gibt. Ich lebe in der Ungeteiltheit und reiche dir meine Hand an dein Ufer. Ich habe keinen anderen Grund da zu sein, als dir meine Unterstützung anzubieten. Die Köstlichkeit in der Unendlichkeit ist größer als jede andere Köstlichkeit, die du dir vorstellen kannst – aber ich bleibe da. Ich sehe, dass alles in Ordnung ist, so wie es ist. Gleichzeitig nehme ich aber sehr genau wahr, was alles an nicht aufgeräumten Tabletts in der Welt herumsteht. Und ich sehe verdammt viele dieser Tabletts. Die kann ich nicht alle wegräumen, auch wenn ich es versuche. So viele Arme habe ich einfach nicht.

Ich – und das sagen alle Meister und Bodhisattvas – brauche dich. Ich brauche dich für mich, und ich brauche dich für dich. Ich brauche dich für mich, weil ich nicht von dir getrennt bin und den Schmerz erfahre, solange du leidest. Auch das ist unendliche Bezogenheit. Ich brauche dich, genauso wie die Bäume dich brauchen und du die Bäume und die Eichhörnchen. Wir dürfen und können uns nicht gegenseitig im Stich lassen. Wir müssen Herz und Geist weit, weit, weit öffnen, für das Ganze, füreinander, für die absolute Realität und für die Notwendigkeiten der relativen Realität.

Wir können jeden Moment dafür sorgen, dass wir gute Samen aussäen. Das hängt an unserer Ausrichtung, der Motivation und der Einsicht, aus der das Säen kommt. Aber wir wissen weder, ob sie aufgehen, noch wann, noch wie die Blumen aussehen werden. Aber wir müssen das nicht wissen. Wir wissen nur eines: Aus guten Samen, aus der Stille, aus dem Frieden, aus Satsang können nur gute, wunderschöne Blumen werden.

Danksagung

Ganz herzlichen Dank an Diane Zilliges. Ohne deine Unterstützung wäre dieses Buch nicht entstanden. Sachkenntnis, Intelligenz, Offenheit und ein großes Herz machten unsere Zusammenarbeit zu einem Genuss!

Ganz herzlichen Dank auch an Nirdoshi und Abhijat, die mich – wie immer – auch in dieser arbeitsreichen Zeit in allen Belangen unterstützten.

Kontakt und Info

Mehr Informationen zu Pyar und Satsang mit Pyar findest du unter *www.pyar.de*.

Oder du schreibst an:
Pyar Troll
Postfach 710810
81458 München

Glossar

Advaita: (Sanskrit) Nicht-Zweiheit. Keine Dualität, keine Trennung.

Bodhichitta: (Sanskrit) Erleuchtungsgeist, Vereinigung von Weisheit und Mitgefühl. Auf der relativen Ebene der Wunsch, Buddhaschaft zum Wohle aller Wesen zu erlangen, auf der absoluten Ebene direkte Einsicht in die letztendliche Natur des SELBST und der Phänomene.

Bodhisattva: Als Begriff in der buddhistischen Terminologie auf dreierlei Weise gebraucht:

~ Verkörperung der Buddha-Qualitäten, Weisheit, Mitgefühl etc.

~ Wesen, das Erleuchtung erlangt und aus Mitgefühl auf das Eingehen ins Nirvana verzichtet, um wirken zu können, bis alle Wesen Erleuchtung erlangt haben

~ ein Praktizierender auf dem Weg zur Buddhaschaft, um Erleuchtung zum Wohle aller Wesen zu erlangen.

Boomeritis: Begriff von Ken Wilber, krankhafter Zustand bei Menschen der Baby-Boomer-Generation, der sich in Selbstverliebtheit, extrem pluralistischer Weltanschauung und zugleich Ablehnung aller Arten von Hierarchien äußert und dabei das Spektrum menschlicher Bewusstheit als Ganzes vernachlässigt.

Brahman: Im Hinduismus die letztendliche Realität – das Unaussprechliche, Unpersönliche, Absolute, Unzerstörbare, Ewige, Nicht-Duale.

Dualität: Zweiheit. Welt der Illusion mit all ihren scheinbaren Gegensätzen. Trennung der Welt in Gegensätze wie richtig und falsch, Wollen und Ablehnen. Die Wurzel von Dualität und Illusion ist der Glaube an ein und die Wahrnehmung eines getrennten Ich.

Dynamische Meditation: Von Osho entwickelte 60-minütige Meditation in fünf Phasen, die ersten drei sind aktiv, die vierte ist still, die abschließende ist das Tanzen.

Ego: Das Ich. Es will, hofft, fürchtet, sehnt sich, lehnt ab.

Holistisch: Weltanschauung, die über das Ganzheitliche noch hinausgeht. Sie ermöglicht Transzendenz, ohne das Transzendierte zu leugnen. Abgeleitet von griech. *holon,* »ein Ganzes, das wiederum Teil eines noch umfassenderen Ganzen ist«.

Karma: (Sanskrit) »Tat, Handlung«. Konsequenz und Auswirkung einer Handlung, das Prinzip von Ursache und Wirkung.

Lama: Titel für einen tibetischen Meister.

Milarepa: Tibetischer Meister im 11. Jahrhundert.

Namaste: (Sanskrit) »Ich verneige mich vor dir, ich grüße den Buddha in dir«, bis heute indische Grußform.

Narzissmus: Selbstverliebtheit, nach Narcissos aus der altgr. Erzählung, der sich in sein Spiegelbild verliebte.

Nirvana: Der heile Gegenpart zur Leidenswelt, in dem die Dualität aufgehoben ist. Ende des Zwangs zur Wiedergeburt, Aufhebung von Neid, Hass und Verblendung, die den Wiedergeburtenkreislauf in Gang hielten.

Padmasambhava: Buddhistischer Meister, der im 9. Jh. nach Tibet gerufen wurde, um dort zu lehren.

Pluralismus: Politische und weltanschauliche Auffassung, nach der es eine Vielheit von Lebens- und Denkweisen gibt, die alle relativ wahr sind, nebeneinander existieren und sich gegenseitig tolerieren sollten.

Retreat: Sich zurückziehen, eine Zeit des Rückzugs von der Welt. Eine Zeit der Stille und Ausrichtung auf das Göttliche, die Wahrheit, das SELBST.

Samsara: Welt der Phänomene, Welt der Illusion.

Sangha: Gemeinschaft um einen Meister. Gemeinschaft der Menschen, die ernsthaft nach Wahrheit fragen.

Sannyas/Sannyasin: Weltensagung. Ein Sannyasin hat Sannyas »genommen«, hat verbindlich zum Ausdruck gebracht, dass er sein Leben voll und ganz dem Erwachen widmet.

Sat-Guru: Der wahre Guru, innerer Meister.

Satori: Zweifelsfreies Erkennen der Wahrheit und Sein in Stille, das aber nicht anhält.

Literaturauswahl

Beck, Don / Cowan, Christopher: *Spiral Dynamics. Mastering Values, Leadership, and Change;* Blackwell Publishers, Cambridge Massachusettes 1995 (erscheint in Kürze auch auf deutsch)

Bhagavadgita/Ashtavakragita. Indiens heilige Gesänge; Diederichs, München 1978.

Bittrich, Dietmar / Salvesen, Christian: *Die Erleuchteten kommen;* Goldmann, München 2002

Caplan, Mariana: *Halfway up the Mountain. The Error of Prenature Claims to Enlightenment;* Hohm Press, Prescott, 1999

Dalai Lama: *Der Weg zum sinnvollen Leben. Das Buch von Leben und Sterben.* Hgg. von Jeffrey Hopkins, aus dem Amerikanischen von Johannes Tröndle; © Verlag Herder, Freiburg im Breisgau 2003

Maharshi, Ramana: *Der Weg zum Selbst,* Hrsg.: Heinrich Zimmer; Diederichs, München 1975

Maturana, Humberto/Varela, Francisco: *Der Baum der Erkenntnis. Die biologischen Wurzeln des menschlichen Erkennens;* Scherz, Bern 1987

Milarepas gesammelte Vajra-Lieder, Band 1; Theseus, Berlin 1996

Osho: *Enlightenment: The Only Revolution, Discourses on the great Mystic Ashtavakra;* The Rebel Publishing House, Pune 1997

ders.: *Rebellion der Seele. Das Ende der Identifikation;* Osho Verlag 1997

Padmasambhava: *Die geheimen Dakini-Lehren;* O.W. Barth, Bern 1995

ders.: *Gespräche des Weisen vom Berge Arunachala;* Ansata, München 2000

Raphael: *Jenseits des Zweifels. Antworten im Licht der Nicht-Dualität;* Lüchow Verlag, Freiburg/Stuttgart 1999

ders.: *Advaita-Vedanta. Der Weg der Nicht-Dualität;* Kamphausen, Bielefeld 1998

Salvesen, Christian: *Advaita, Vom Glück mit sich und der Welt eins zu sein;* O.W. Barth, Bern 2003

Sangharakshita: *Buddhas Meisterworte für Menschen von heute.* In deutschsprachiger Übersetzung von Jochen Lehner; Lotos Verlag, München, einem Unternehmen der Verlagsgruppe Random House GmbH, 2004

Shankara: *Das Kleinod der Unterscheidung;* O.W. Barth, Bern, München, Wien, o.J.

ders.: *Unterscheidung zwischen Selbst und Nicht-Selbst,* Übersetzt und herausgegeben von Raphael; Ansata, Interlaken 1992

Subramaniam, Vaiyai: *Alles ist Eins;* Sri Ramanashramam, Tiruvannamalai (India) 2004

Troll, Pyar: *Bodhichitta – Das erwachte Herz;* Aurum, Bielefeld 2005

dies.: *Hütet das Feuer;* Aurum, Bielefeld 2006

dies.: *Poesie der Stille – Tanz des Lebens;* Kamphausen, Bielefeld 2002

dies.: *Reise ins Nichts. Geschichte eines Erwachens;* Kamphausen, Bielefeld 2000

Trungpa, Chögyam: *Spirituellen Materialismus durchschneiden;* Theseus, Berlin 1998

Tsogyal, Yeshe: *Der Lotosgeborene im Land des Schnee;* Fischer, Frankfurt 1996

Wilber, Ken: *Einfach »Das«;* Fischer Taschenbuch Verlag GmbH, Frankfurt am Main 2001

ders.: *Ganzheitlich handeln. Eine integrale Vision für Wirtschaft, Politik, Wissenschaft und Spiritualität;* Arbor Verlag, Freiamt 2001 (www.arbor-verlag.de)

ders.: *Im Auge des Hurrikan bist du sicher. Erfahrungen und Reflexionen;* Herder, Freiburg 2005